La Bible
le nouveau testament

D0838985

Collection 25 questions

La collection 25 questions explore de façon contemporaine des sujets liés à l'univers religieux et à son expression dans le monde actuel.

Par son style et sa présentation, elle permet une compréhension rapide et facile des thèmes abordés, invite au renouvellement des connaissances et nourrit la quête de sens.

Elle rassemble des auteurs reconnus pour leur maîtrise du sujet et leur capacité de le présenter avec rigueur et simplicité.

Dans la même collection

Samia AMOR, *L'islam*, 2008.

Denis GAGNON, *La messe*, 2008.

INTERBIBLE, *La Bible, ancien testament*, 2008.

Pierre LÉGER, *La mort et l'au-delà*, 2008.

Micheline MILOT, *La laïcité*, 2008.

André TIPHANE et Pierre MURRAY, *Les prêtres*, 2008.

Charles WACKENHEIM, *Croire aujourd'hui*, 2008.

25 questions

La Bible
le nouveau testament

Les biblistes de
www.interbible.org

NOVALIS

La Bible : nouveau testament est publié par Novalis.

Couverture : Audrey Wells

Mise en pages : Mardigrafe

© 2008 : Novalis, Éditions Novalis inc., Montréal.

Dépôts légaux : 3e trimestre 2008
Bibliothèque nationale du Canada
Bibliothèque nationale du Québec

Novalis, 4475, rue Frontenac, Montréal (Québec),
H2H 2S2
C.P. 990, succursale Delorimier, Montréal (Québec),
H2H 2T1

Nous reconnaissons l'aide financière du gouvernement du
Canada par l'entremise du Programme d'aide au développement de l'industrie de l'édition (PADIÉ) pour nos
activités d'édition.

ISBN : 978-2-89646-047-2

Imprimé au Canada

**Catalogage avant publication de Bibliothèque et
Archives nationales du Québec et Bibliothèque
et Archives Canada**

Vedette principale au titre :

La Bible
(Collection 25 questions)
Comprend des réf. bibliogr.
Sommaire: [1] L'Ancien testament --
[2] Le Nouveau testament.

ISBN : 978-2-89646-046-5 (v. 1)
ISBN : 978-2-89646-047-2 (v. 2)

1. Bible - Miscellanées. I. InterBible (Association).
II. Collection.

BS612.B53 2008   220.6'1   C2008-941750-X

NOVALIS

Introduction

Une vision audacieuse

InterBible est né de la vision audacieuse d'un groupe d'intervenants en pastorale biblique du grand Montréal. Le réseau Internet leur apparaissait comme un moyen extraordinaire de créer une communauté d'intérêt autour de la Bible et de son message. L'objectif était de présenter à un public francophone une information biblique de qualité qui tient compte de son contexte historique et culturel. C'était aussi une manière originale de s'insérer dans la recherche spirituelle du monde.

Notre vision est partagée par la direction de COGÉCO câble dont l'entreprise est devenue une fidèle partenaire; on nous a même poussés à intégrer une première traduction de la Bible sur le site : la Bible en français courant.

Dès le départ, le site se voulait interactif : nous voulions donner la possibilité aux visiteurs de poser des questions pour mieux comprendre la Bible ou pour mieux vivre son message. Depuis 1999, nous publions régulièrement ces questions et réponses sous les rubriques *Comprendre la Bible* et *La lampe de ma vie*.

Ce livre rend hommage aux visiteurs qui ont ainsi participé au contenu du site par leurs questions et suggestions et aux nombreuses personnes qui ont généreusement collaboré à la rédaction des réponses.

Auteurs

Sylvain CAMPEAU (introduction) : webmestre du site www.interbible.org.

Sébastien DOANE (questions 1, 3, 4, 5 et 6) : M.A. études bibliques, Université de Montréal, responsable de la rédaction www.interbible.org, animateur de pastorale, Collège St-Jean-Vianney.

Ghislain FOURNIER (question 12) : doctorat en sciences des religions, Université du Québec à Montréal.

André GAGNÉ (questions 8, 9 et 20) : professeur au département d'études théologiques, Université Concordia, Montréal.

Yolande GIRARD (questions 7, 16 et 21) : doctorante à l'Université du Québec à Montréal, professeure de religion à l'école secondaire St-Exupéry.

Yves GUILLEMETTE (question 17) : directeur du Centre biblique de Montréal, curé de la paroisse St-Léon, Westmount, directeur du site www.interbible.org.

Véronique ISENMANN (question 14) : théologienne suisse, auteure.

Claude JULIEN (question 2) : bibliste, membre de la communauté des Fils de la charité, curé de la paroisse Notre-Dame de Grâce, Montréal.

Odette MAINVILLE (question 23) : professeure, Université de Montréal.

Jérôme MARTINEAU (question 24) : bibliste, rédacteur en chef de la revue *Notre-Dame du Cap*.

Jean-Paul MICHAUD (questions 10 et 11) : professeur émérite de l'Université Saint-Paul, Ottawa.

Jean-François PERREAULT (Coup de cœur) : collaborateur à www.interbible.org.

Guylain PRINCE (questions 13, 15, 18 et 22) : prêtre franciscain, bibliste.

Gérard ROCHAIS (question 25) : professeur, Université du Québec à Montréal.

Hervé TREMBLAY (question 19) : prêtre, dominicain, professeur au Collège universitaire dominicain, Ottawa.

1. Pourquoi lire la Bible ?

Aujourd'hui encore, année après année, la Bible reste un best-seller mondial. Ce livre vieux de 2000 ans continue de fasciner et d'être lu par des millions de personnes. Un jour, une élève de quatorze ans m'a demandé : « Pourquoi lire la Bible ? Ça sert à quoi ? » J'ai alors demandé au reste de la classe de tenter de lui répondre. Voici les meilleures réponses :

- On peut la lire pour mieux connaître notre histoire, notre passé.

- Ça aide à avoir une meilleure culture générale.

- Moi, je la lis quand il n'y a rien d'autre à faire ou à lire, comme la dernière fois que j'étais dans un hôtel.

- C'est pour savoir ce qui est bon et ce qu'il ne faut pas faire.

- Pour mieux connaître Dieu et la foi.

J'ai dit à mes élèves que toutes ces réponses étaient excellentes. Il y a en effet différents types de raisons de lire la Bible. On peut vouloir une meilleure culture générale : mieux connaître un texte fondateur de notre culture occidentale, mieux connaître l'histoire du peuple hébreu et des premiers chrétiens.

On peut lire la Bible pour se divertir, comme mon élève qui lit la Bible quand il n'a rien d'autre à faire. Si on cherche un peu, les histoires intéressantes ne manquent certainement pas ! Il y a donc des personnes pour qui la lecture de la Bible est avant tout un acte littéraire. On l'oublie peut-être, mais la Bible reste un livre, et même une bibliothèque de livres !

La Bible transmet aussi un enseignement éthique et moral important, que ce soit par les dix commandements ou par la règle d'or de Jésus : aime ton prochain comme toi-même. La lecture de la Bible peut donc nous éclairer sur des enjeux éthiques de la vie.

Enfin, la dernière réponse est fondamentale. La raison pour laquelle la Bible nous a été transmise est d'abord et avant tout religieuse. Comme l'a dit mon élève, si on veut connaître Dieu et la foi chrétienne, lire la Bible est certainement un bon point de départ.

Pourtant, parmi toutes ces raisons de lire la Bible, c'est la raison existentielle qui, personnellement, me motive le plus : moi, je lis la Bible pour vivre, pour mieux goûter aux joies de la vie et aussi pour passer à travers les moments plus difficiles. En grec, évangile (*euangélion*) signifie bonne nouvelle. Le but du Nouveau Testament est de transmettre cette bonne nouvelle : Jésus Christ est ressuscité ! Suite à cette affirmation, un élève m'a déjà répondu : « Ouais, et puis, pourquoi est-ce que c'est une bonne nouvelle ? » Pour les premiers chrétiens, l'annonce de la résurrection du Christ était source de joie, parce qu'ils étaient convaincus que si Dieu avait ressuscité Jésus, il allait aussi le faire pour eux et… pour nous. On pourrait même dire que lire la Bible, c'est une question de vie ou de mort. L'histoire de Jésus nous dit que la vie est plus forte que la mort. Personnellement, je trouve que c'est la meilleure raison de lire la Bible aujourd'hui : pour vivre.

Pourtant, la lecture de la Bible ne se fait pas sans difficulté. Lorsque j'ai posé la question à des adolescents, plusieurs m'ont répondu qu'ils ne la lisaient pas parce que :

- C'est compliqué, il faudrait une traduction plus simple.

- Les pages sont trop minces et le livre est trop épais.

- Lire la Bible, c'est vraiment ennuyeux.

C'est vrai, il faut un peu d'effort pour lire. Il faut aussi quelques outils pour comprendre un texte écrit dans des langues, des cultures et des époques très différentes des nôtres. J'espère que ce livre vous donnera quelques points de repère pour faciliter votre lecture et votre compréhension du Nouveau Testament. Un autre livre de la même collection répond à 25 questions sur l'Ancien Testament.

Que votre intérêt pour la Bible soit motivé par des raisons littéraires, historiques, de culture générale, d'éthique, de divertissement ou pour vivre de la Bonne Nouvelle de Jésus Christ, je vous souhaite une bonne lecture.

2. Quelle Bible acheter?

Quelle Bible faut-il acheter? La question nous est sans cesse posée. On a raison de le faire. Le nombre et la variété de Bibles qu'on retrouve sur le marché ne cessent de croître! Quel contraste avec une époque encore toute proche où l'on achetait ou recevait en cadeau une Bible, et c'était pour la vie!

Lorsqu'en 1955 l'École biblique de Jérusalem fit paraître sa première édition complète de la *Bible de Jérusalem*, avec ses présentations et ses notes explicatives, ce fut tout un événement! En se la procurant, on était persuadé qu'elle nous accompagnerait durant toute notre vie. C'était ignorer que la science exégétique (l'exégèse est l'étude des textes bibliques) est en perpétuel développement. Une nouvelle édition revue et corrigée à la lumière des dernières découvertes a paru en 1973. Depuis lors, celle-ci est régulièrement rééditée.

Paraissait également en 1973 la traduction d'Émile Osty, accompagnée de commentaires du texte biblique et de présentations des différents livres qui composent la Bible. Cette œuvre importante a encore toute sa place aujourd'hui.

En 1972, pour le Nouveau Testament, et en 1975, pour l'Ancien, était publiée la *Traduction œcuménique de la Bible*, communément appelée « TOB ». Comme son nom l'indique, les traducteurs et commentateurs sont issus des différentes grandes confessions chrétiennes. Cette parution marque une date importante dans le rapprochement des Églises.

Avec les traductions dites « en français courant » — la première, celle du Nouveau Testament, date de 1971 —, on assiste à un immense effort de la part des Églises chrétiennes pour rejoindre, dans un langage contemporain, le plus de gens possible.

Finalement, on ne peut passer sous silence *La nouvelle traduction* de la Bible, parue chez Bayard et Médiaspaul en 2001. Cette traduction est le fruit d'une féconde association entre exégètes et écrivains, pour nous servir un texte à forte saveur littéraire tout en demeurant fidèle au texte original.

À la lumière de cette présentation, on comprendra qu'il est difficile de recommander une Bible plus qu'une autre. À

chacun de faire son choix selon ses atti-
rances, ses besoins, et selon l'usage qu'il
veut en faire. Retenons que les textes
français sont des traductions de l'hébreu
et du grec; il est donc normal qu'il y ait
de légères différences entre les diverses
traductions. Notons aussi que les intro-
ductions aux livres de la Bible et les notes
explicatives ne peuvent que se compléter
d'une Bible à l'autre.

Il est préférable d'effectuer son achat dans
une librairie religieuse, afin de bénéficier
de toute la gamme des éditions disponibles
sur le marché. Au moment d'acheter une
Bible, il faut prendre le temps de les comparer. Si l'on opte pour une édition avec
des notes explicatives en bas de pages, il
faut prendre celles qui sont les plus com-
plètes et éviter celles de petit format, dont
les notes sont trop résumées et les renvois,
trop nombreux. Pour ma part, je conseille
l'achat d'une Bible avec notes explicatives,
comme la *Bible de Jérusalem* ou la *TOB*, et
d'une *Bible en français courant*. Comparer les
textes d'une traduction à une autre permet
de mieux les comprendre, de mieux les
approfondir et de mieux les prier.

3. Comment approfondir un texte biblique par soi-même?

C'est déjà une bonne étape de faire une lecture personnelle de la Bible. Toutefois, ce n'est pas toujours évident de comprendre un texte par soi-même. Pour profiter de cette lecture, il faut pouvoir y discerner du sens et une interprétation pouvant stimuler notre vie. Voici quelques pistes que j'ai découvertes dans ma propre pratique de lecture.

Une idée principale

D'abord, il faut prendre le temps de lire le texte et d'en dégager l'idée principale. Que dit le texte? (Et non « que *me* dit le texte? ») Le plus grand danger à ce moment est de projeter nos idées sur le texte, qui ne devient alors qu'un miroir de nous-mêmes. Il s'agit d'entrer en dialogue avec le texte en respectant le fait qu'il soit différent de nous. Ce dialogue n'est pas évident, à cause de la distance historique et culturelle qui nous sépare du texte. Pourtant, en apprenant l'art de la lecture, nous pouvons essayer de le comprendre.

Les questions

Pour entrer en dialogue avec un texte, il faut lui poser des questions. Notez celles qui surgissent lors de votre lecture. C'est grâce à elles que vous pourrez chercher et approfondir le tout. Je vous suggère six questions de base qui vous permettront de cerner le sens d'un texte : Qui ? Fait quoi ? Où ? Quand ? Comment ? Pourquoi ? Si vous pouvez répondre à ces questions, vous avez réussi une compréhension de base du texte.

Les notes et les renvois

Souvent, on peut interpréter un texte à l'aide d'autres textes bibliques portant sur le même sujet. En regardant attentivement, vous verrez que les Bibles sont pleines de notes et de renvois qui suggèrent d'autres textes à lire pour mieux comprendre. Par exemple, vous pouvez comparer la façon dont Marc et Matthieu racontent un même événement, ou bien comment un évangile reprend un thème de l'Ancien Testament.

Les personnages

La plupart du temps, on s'identifie naturellement à un personnage. Si c'est le cas, portez attention à ce qu'il fait, à son rôle dans l'histoire, à ce qu'il recherche et à ce qui se transforme en lui. Demandez-vous ensuite de quelle façon cela rejoint votre expérience.

L'expérience de Dieu

Enfin, après avoir dégagé une première compréhension du texte, vous pouvez la comparer avec votre expérience personnelle. La question à travailler devient alors : qu'est-ce qui m'interpelle dans ce texte ? C'est là qu'un texte biblique peut devenir parole de Dieu pour nous, aujourd'hui. Pour ce faire, voici quelques questions : est-ce qu'il y a quelque chose qui me surprend ou me dérange ? Est-ce que ce texte change l'image de Dieu que je porte ? Ai-je vécu une expérience similaire ? Qu'est-ce qui m'est révélé par ce texte ?

L'important est d'apprivoiser la lecture de la Bible en y investissant un peu de son temps. Votre exploration peut mener à la découverte que l'expérience de Dieu qui y est racontée peut bien rejoindre la nôtre.

La lecture vous permettra peut-être d'en apprendre autant sur vous que sur la Bible elle-même.

4. Qui a écrit les livres du Nouveau Testament et quand ?

Pour répondre à cette vaste question, voici un tableau résumant le contenu du Nouveau Testament avec le thème principal, l'auteur et la date de composition de chacun des livres /(voir p.20-21).

Vous remarquerez que certains écrits sont anonymes. Par exemple, les noms des auteurs des évangiles et des lettres de Jean ne sont pas donnés dans le texte même, mais par la tradition un siècle plus tard. Par ailleurs, il se pourrait que plusieurs personnes aient participé à la rédaction de certains livres.

D'autres textes sont mis sous le nom d'un apôtre (Paul, Pierre, Jacques et Jude), alors que les indices font dire aux spécialistes qu'il s'agirait plutôt d'un de leurs disciples ayant écrit plus tardivement. Ces indices peuvent être liés au langage employé, aux idées transmises ou à la mention d'événements historiques pouvant être datés.

Livres	Thèmes	Auteurs	Dates de composition
Évangile selon Matthieu	Jésus, le messie attendu d'Israël	Anonyme, attribué à Matthieu	80-90
Évangile selon Marc	1er texte décrivant la vie de Jésus	Anonyme, attribué à Marc	70
Évangile selon Luc	Jésus, attentif aux pauvres et aux exclus	Anonyme, attribué à Luc	80-90
Évangile selon Jean	Jésus, l'envoyé du Père, sauveur du monde	Anonyme, attribué à Jean	90-100
Actes des Apôtres	L'histoire des premiers chrétiens	Anonyme, même auteur que l'évangile de Luc	80-90
Lettre aux Romains	Le salut de Dieu	Paul	56-58
1re lettre aux Corinthiens	Problèmes de la communauté	Paul	52-56
2e lettre aux Corinthiens	Défense de l'apostolat de Paul	Paul	54-57
Lettre aux Galates	Crise entre les chrétiens issus du judaïsme et les Grecs	Paul	57-58
Lettre aux Éphésiens	Dessein de Dieu déployé dans l'Église par Jésus	Un disciple de Paul	80-100
Lettre aux Philippiens	L'union en Jésus Christ source de joie	Paul	54-57
Lettre aux Colossiens	Vivre comblé par le Christ	Un disciple de Paul	70-80
1re lettre aux Thessaloniciens	Joie de la foi naissante	Paul	50-52
2e lettre aux Thessaloniciens	Les événements de la fin des temps	Un disciple de Paul	70-100

Livre	Thème	Auteur	Date
1re lettre à Timothée	Être serviteur de Jésus Christ	Un disciple de Paul	après 80
2e lettre à Timothée	Lutter pour l'Évangile	Un disciple de Paul	après 80
Lettre à Tite	Quelques conseils	Un disciple de Paul	après 80
Lettre à Philémon	Accueillir l'esclave Onésime	Paul	52-55
Lettre aux Hébreux	Le Christ, accomplissement des Écritures	Inconnu	60-90
Lettre de Jacques	La foi en action	Jacques ou un de ses disciples	après 80
1re lettre de Pierre	La vie chrétienne	Un disciple de Pierre	70-90
2e lettre de Pierre	Vrais et faux enseignants de la foi	Un disciple de Pierre	125-130
1re lettre de Jean	La vie chrétienne marquée par l'amour et la foi	Anonyme, attribuée à Jean ou ses disciples	100-110
2e lettre de Jean	Aimons-nous les uns les autres	Anonyme, attribuée à Jean ou ses disciples	après 110
3e lettre de Jean	Lettre personnelle à Gaïus, un ami	Anonyme, attribuée à Jean ou ses disciples	après 110
Lettre de Jude	Attention aux faux enseignants	Un disciple de Jude, frère du Seigneur	80-100
L'Apocalypse	Visions de la fin des temps	Jean de Patmos	90-100

Enfin, certains livres ont été écrits et signés par leur auteur authentique; c'est le cas de plusieurs lettres de Paul.

La dernière colonne indiquant la date de composition doit être prise avec un grain de sel. En effet, bien que pour la plupart des livres il y ait un certain consensus sur la date de leur composition, nous devons nous donner une marge d'erreur. L'important est de voir que le contenu du Nouveau Testament n'est pas placé par ordre chronologique. Par exemple, le plus ancien des évangiles (Marc) est le deuxième dans l'ordre des livres bibliques. De même, les lettres de Paul sont plus anciennes que les évangiles, même si elles sont placées après eux.

5. Comment se donner un programme de lecture du Nouveau Testament?

Plusieurs personnes ont essayé de lire la Bible du début à la fin, pour finir par se décourager après quelques efforts. La clé de la réussite consiste à se donner un programme de lecture pour en varier le contenu et ainsi garder l'intérêt. Voici un plan pour lire le Nouveau Testament.

Commencez par lire l'*Évangile selon saint Marc*, le plus court des quatre évangiles et, historiquement, le premier à avoir été écrit. Vous constaterez que la lecture d'un évangile en entier est beaucoup plus stimulante que celle des courts passages entendus lors de célébrations liturgiques. On y retrouve toute une dramatique menant à la mort/résurrection de Jésus. C'est aussi intéressant (sinon plus) que la plupart des romans modernes.

Ensuite, je vous conseille de lire la *Lettre de Jacques*. Elle est très concrète, puisqu'elle décrit ce que doit être la foi en action. De plus, sa lecture ne prend que quelques minutes.

L'*Évangile selon saint Luc* et les *Actes des Apôtres* sont deux tomes écrits par le même auteur. Votre lecture vous permettra d'y voir les liens entre la vie de Jésus et celle des premiers chrétiens.

Dans le livre des *Actes des Apôtres*, vous apprendrez à connaître Paul. Le temps est venu de lire ses lettres. Je vous suggère de commencer par la *Première lettre aux Thessaloniciens*, la première que Paul aurait écrite. Poursuivez avec la *Première lettre aux Corinthiens*, envoyée à une communauté qui vit des difficultés et qui a besoin d'aide. Lisez aussi la *Lettre aux Romains* et celle aux *Galates*, qui peuvent être considérées comme le résumé de la théologie de Paul.

Retournez à l'histoire de la vie de Jésus avec l'*Évangile selon saint Matthieu*. Il nous présente une perspective en lien avec l'Ancien Testament où Jésus accomplit les promesses faites à Israël. Puis, je vous suggère la lecture de la *Lettre aux Hébreux*, un autre écrit faisant le lien entre les deux Testaments.

Enfin, vous pourrez aborder la tradition johannique. Commencez par l'*Évangile selon saint Jean*. Vous constaterez que son style est très différent de celui des trois autres évangiles. On le qualifie souvent d'« évangile spirituel ».

Les *Lettres de Jean* ont bien des résonances avec le style et les thèmes du quatrième évangile. Notez l'importance de l'amour entre chrétiens dans la première lettre.

L'*Apocalypse* est le dernier livre du Nouveau Testament. Vous y trouverez un livre écrit dans un style très particulier, gorgé d'images et de symboles évoquant les fins dernières.

Au bout de ce programme, vous aurez lu presque tout le Nouveau Testament. Il ne vous restera que quelques lettres à lire. Remarquez que chaque étape ne demande pas plus de quelques heures, les livres du Nouveau Testament étant relativement courts, si on les compare à nos romans contemporains.

6. Que désigne le mot évangile ?

Aujourd'hui, lorsqu'on parle d'un évangile, on pense tout de suite aux textes de Matthieu, Marc, Luc et Jean. Bien que le mot « évangile » soit employé plusieurs fois dans la Bible, il ne désigne jamais ces quatre récits de la vie de Jésus. Que signifie donc « évangile » lorsqu'on l'emploie dans la Bible ?

Dans l'Ancien Testament, le mot « évangile » se dit *besorah* en hébreu. Il désigne la récompense pour l'annonce d'une victoire (2 *Samuel* 4, 10), l'annonce d'une bonne nouvelle comme la victoire d'une guerre (2 *Rois* 7, 9), la naissance d'un fils (*Jérémie* 20, 15) ou la vie sauve d'un ami (1 *Rois* 1, 42). Plusieurs événements heureux sont annoncés à l'aide de ce terme, qui n'implique pas nécessairement quelque chose de religieux. Certains textes emploient aussi le verbe grec « évangéliser » (*euangélizesthai*) pour parler de l'annonce de la venue du salut eschatologique (de la fin des temps), notamment dans la traduction de la *Septante* des chapitres 40 à 66 du livre d'Isaïe.

Dans le Nouveau Testament, le nom commun « évangile » paraît 76 fois et le verbe « évangéliser » revient 54 fois. Comme dans l'Ancien Testament, il est aussi employé pour annoncer une bonne nouvelle, telle la naissance d'un enfant (*Luc* 1, 19). Toutefois, il désigne surtout l'annonce de la bonne nouvelle du salut proclamé par Jésus : « Les aveugles retrouvent la vue et les boiteux marchent droit, les lépreux sont purifiés et les sourds entendent, les morts ressuscitent et la *Bonne Nouvelle* [*l'Évangile*] est annoncée aux pauvres » (*Matthieu* 11, 5). Ce mot, *Évangile/Bonne Nouvelle*, désigne donc le ministère même de Jésus.

Paul utilise 81 fois le mot *évangile* dans ses lettres. Pour lui, ce mot désigne la prédication des apôtres après la mort/résurrection de Jésus. Il se présente comme celui qui annonce la Bonne Nouvelle (*l'Évangile*) de Jésus Christ.

Ce n'est qu'au IIe siècle, avec *l'Apologie* de saint Justin, que le mot *évangile* va finir par désigner les livres de Matthieu, Marc, Luc et Jean. Cette façon de nommer un genre littéraire vient probablement du début de l'évangile de Marc : « Commencement de *l'Évangile* [la Bonne Nouvelle] de Jésus Christ Fils de Dieu » (*Marc* 1, 1). Par son texte, Marc est le premier (un peu avant l'an 70 de notre ère) à écrire ce qu'on appelle aujourd'hui un *évangile*. Ainsi, les quatre auteurs sont alors désignés par le terme « *évangélistes* » : ceux qui annoncent la Bonne Nouvelle.

Si vous vous demandez quelle est cette Bonne Nouvelle, il vous suffit d'ouvrir votre Nouveau Testament et de lire un des *évangiles*…

7. La langue des évangiles est-elle la langue de Jésus?

Les quatre évangiles canoniques (*Matthieu, Marc, Luc* et *Jean*) ont été écrits en grec. Seul l'évangile de Matthieu est soupçonné d'avoir eu un original en araméen. Cette information nous provient de Papias, évêque de Hiérapolis (Phrygie), qui a vécu au début du IIe siècle. Ses paroles sont rapportées deux siècles plus tard par un autre évêque, Eusèbe de Césarée, dans son *Histoire ecclésiastique* (Hist. Ecc. III, 39, 15-16). Le document en araméen n'a cependant jamais été retrouvé, et nous sommes loin d'être sûrs qu'il ait vraiment existé, car c'est la seule trace ancienne que nous ayons de l'affirmation de Papias. Les Pères de l'Église (Irénée de Lyon, Origène, Jérôme) qui en parleront par la suite ne peuvent être considérés comme des sources indépendantes, car ils doivent tenir leur information de Papias.

Il y avait trois langues parlées en Palestine à l'époque de Jésus, l'araméen, l'hébreu et le grec. On n'a retrouvé que peu de traces de latin. La langue de l'administration et de l'élite était le grec. Les gens qui habitaient les villes longeant le bassin méditerranéen et les Juifs de la diaspora (communautés juives vivant à l'extérieur de Palestine) parlaient également le grec. À l'intérieur des terres et surtout en Galilée, les gens parlaient plutôt l'araméen, car c'était, à cette époque en Palestine, la langue la plus répandue. Flavius Josèphe écrivit sa première version de la *Guerre des Juifs* en araméen et Bar Kokhba, à Jérusalem, écrivit la majorité de ses lettres en araméen. Les villageois de Galilée ne parlaient pas le grec. Ils ne commencèrent à parler grec qu'au IIe siècle ap. J.-C., lorsque le sud de la Galilée fut urbanisé. Dans le nord de la Galilée, on ne retrouva que peu d'inscriptions de langue grecque. Elles étaient en hébreu ou en araméen.

L'hébreu était surtout parlé en Judée. En Galilée, certains le parlaient, bien sûr, mais c'était surtout la langue sacrée, celle des rituels funéraires, celle des prières qu'on apprenait par cœur. À cette époque en effet, les traditions étaient plutôt orales (très peu de gens savaient lire et écrire). En Galilée, l'hébreu ne devint une langue très répandue qu'aux IIIe et IVe siècles. Son expansion commença au IIe siècle, lorsque les rabbins s'enfuirent de Jérusalem pour se rendre en Galilée après la seconde révolte juive : la révolte de Bar Kokhba (132-135). Ils s'établirent d'abord à Beth Shearim, puis à Sepphoris et à Tibériade. Ils y ouvrirent des écoles rabbiniques. Juda le Prince (début du IIIe siècle) y écrivit la Mishnah (premier recueil de la loi orale) et eut sur la région (et dans la diaspora) une influence considérable.

Quelle langue Jésus parlait-il ? Dans les évangiles, il utilise des expressions araméennes : « *Talita qoum* » (*Marc* 5, 41), « *Ephphata* » (*Marc* 7, 34). Marie de Magdala s'adresse à Jésus en lui disant « *Rabbouni* » (*Jean* 20, 16). Jésus parlait donc l'araméen. Parlait-il hébreu ? Les paroles qu'on lui rapporte au moment de sa mort (et qui constituent pourtant les paroles du *Psaume* 22) : « *Eloï, Eloï, lama sabaqthani* » (*Marc* 15, 34) sont également en araméen, et non en hébreu.

Jésus parlait-il grec ? Le grec était la langue de l'administration et de l'élite. Or, les paroles de Jésus envers « ceux qui vivent dans les palais des rois » (*Luc* 7, 25) ne nous laissent pas supposer qu'il les fréquentait ou qu'il en partageait la langue. Jamais on ne mentionne, dans les évangiles, son passage dans la ville de Séphoris, ville hellénisée, pourtant proche de Nazareth. Par contre, certains de ses disciples, comme Philippe et André (qui avaient des prénoms grecs), devaient le parler puisqu'ils servaient d'intermédiaires entre « les Grecs » et Jésus (*Jean* 12, 20-22).

Si Jésus parlait araméen, pourquoi les évangiles ont-ils été écrits en grec? Premièrement, parce qu'ils n'ont pas été écrits en Palestine : l'évangile de Matthieu aurait été écrit à Antioche de Syrie; la couche finale de l'évangile de Marc, à Rome; l'évangile de Luc, à Achaïe, en Grèce; la couche finale de l'évangile de Jean, à Éphèse. Par contre, les évangélistes ont utilisé des collections de paroles de Jésus provenant de Galilée, ainsi que des traditions particulières (traditions orales) qu'ils ont agencées différemment dans chaque évangile selon leurs perspectives théologiques et le vécu de leurs communautés. Deuxièmement, ces récits s'adressaient à des gens de langue grecque. Si les évangélistes avaient écrit en araméen, les gens n'auraient rien compris et il leur aurait peut-être fallu imiter Esdras qui, à une autre époque, fut obligé de « faire comprendre » aux gens auxquels il s'adressait « ce qui était lu » (*Néhémie* 8, 8).

De plus, l'écriture de ces évangiles en grec représente également l'ouverture de la Révélation à toutes les nations : aux païens comme aux Juifs. Dans le contexte linguistique de l'époque, cela signifie que la Nouvelle Alliance devenait accessible à tous les hommes de l'univers où tous, « circoncis » comme « non-circoncis », sont réunis dans le Christ (*Éphésiens* 2, 11-18).

Rappelons, en passant, que la vraie langue de notre tradition chrétienne est le grec et non le latin ! Nous ne pouvons le nier sans nier en même temps nos textes fondateurs… Cette langue fut d'ailleurs conservée par nos frères d'Orient. La re-connaissance de cet héritage commun pourrait devenir, à l'égard de ces frères, un vrai lieu de dialogue…

8. Comment les quatre évangiles que nous connaissons ont-ils été choisis ?

Ce sont les premières communautés chrétiennes qui ont progressivement ac-cepté les évangiles canoniques (*Matthieu,*

Marc, Luc et Jean) comme leur règle de foi[1]. On reconnaît, par ailleurs, qu'il y avait plusieurs autres évangiles en circulation à l'époque du christianisme ancien, des évangiles tels : l'*Évangile selon Thomas*, l'*Évangile de Judas*, l'*Évangile de Marie*, etc. Pour certains Pères de l'Église, leur contenu ne correspondait pas à ce que l'on croyait être l'enseignement de Jésus et des apôtres. Le danger que représentaient ces évangiles pour certains dirigeants chrétiens aurait en quelque sorte forcé la mise en place de listes canoniques, pour aider les croyants à distinguer entre les textes recommandés et ceux qui devaient être rejetés. En consultant les Pères de l'Église ainsi que les listes canoniques à notre disposition, on peut identifier trois critères ayant contribué à l'établissement progressif d'un « canon » du Nouveau Testament, et ainsi du choix des évangiles eux-mêmes : (1) le texte devait compter parmi les plus anciens témoins de l'enseignement de Jésus et des apôtres; (2) le texte devait être écrit par un des apôtres; (3) le texte

---

1   L'expression « canon » est employée pour parler d'un *corpus* de textes reconnu comme règle à suivre en matière de pratique et de croyance. Le terme « canon » est un mot grec d'origine sémitique et signifie « règle » ou « mesure ».

devait déjà être reçu par la grande majorité des communautés chrétiennes.

Nous savons que les évangiles canoniques ont été reconnus assez tôt; on peut lire des auteurs témoignant de leur importance dès la première moitié du IIe siècle. Par exemple, vers 150 de notre ère, un certain Marcion, considéré par plusieurs Pères de l'Église comme étant un hérétique, constitue son propre canon du Nouveau Testament. Il est composé d'une version modifiée de l'*Évangile selon Luc* et de dix épîtres de Paul. À cette même époque, Justin Martyr cite dans son *Apologie* des paroles tirées des mémoires des apôtres, aussi appelées Évangiles (*Apologie* I, 66). Même si Justin ne précise pas de quels évangiles il s'inspire, il s'agit tout de même de paroles que l'on retrouve dans les évangiles canoniques. Quelques années plus tard, certains estiment nécessaire d'établir une liste de textes reconnus, probablement en réaction au maigre canon modifié de Marcion. Le *Canon de Muratori*, écrit en latin, est composé entre 170 et 200 de notre ère. Le fragment retrouvé débute au milieu d'une phrase mentionnant *Luc* comme étant « le troisième livre de l'Évangile » et *Jean* comme « le quatrième des

évangiles ». La portion mutilée de l'introduction parlait sans aucun doute des deux
premiers évangiles, c'est-à-dire *Matthieu*
et *Marc*. Dans la même lignée, Irénée de
Lyon (vers 185) insiste sur la délimitation
de quatre évangiles en ces termes :

> Par ailleurs, il ne peut y avoir ni un plus
> grand ni un plus petit nombre d'Évan-
> giles [que quatre]. En effet, puisqu'il
> existe quatre régions du monde dans
> lequel nous sommes et quatre vents
> principaux, et puisque, d'autre part,
> l'Église est répandue sur toute la terre
> et qu'elle a pour colonne et pour sou-
> tien l'Évangile et l'Esprit de vie, il est
> naturel qu'elle ait quatre colonnes qui
> soufflent de toutes parts l'incorrupti-
> bilité et rendent la vie aux hommes.
> D'où il appert que le Verbe, Artisan de
> l'univers, qui siège sur les Chérubins
> et maintient toutes choses, lorsqu'il
> s'est manifesté aux hommes, nous a
> donné un Évangile à quadruple forme,
> encore que maintenu par un unique
> Esprit (*Contre les hérésies* III. 11.7).

À cette période circule également le *Diatessaron* (signifiant *à travers les quatre*). Le
Diatessaron est une harmonie des quatre

évangiles rédigée vers 172 de notre ère par un dénommé Tatien. Celui-ci tente d'harmoniser les différents points de vue exprimés par les récits des évangiles. Il est important de souligner que le *Diatessaron* a été constitué à partir des quatre évangiles canoniques.

D'autres auteurs chrétiens aux IIIe et IVe siècles seront du même avis en ce qui a trait au nombre et à la désignation spécifique d'évangiles reconnus. Dans son *Commentaire sur l'Évangile selon Matthieu*, Origène dira qu'il n'y a que quatre évangiles — les seuls n'étant pas contestés par l'Église de Dieu — et qu'ils sont : *Matthieu, Marc, Luc et Jean*. Eusèbe de Césarée, qui publie son *Histoire ecclésiastique* dans le premier quart du IVe siècle, répertorie un nombre de livres sous les catégories suivantes : (a) les livres reconnus, c'est-à-dire ceux acceptés par la majorité des chrétiens; (b) les livres débattus, ceux reconnus par certains et rejetés par d'autres; (c) les livres illégitimes, ceux écrits sous un pseudonyme et qui ne doivent pas être acceptés; (d) les livres rejetés, ceux reconnus comme des *contrefaçons* qu'il faut éviter. À l'instar des auteurs chrétiens qui l'ont précédé, Eusèbe considère les évangiles canoniques comme faisant partie des livres reconnus par la grande majorité des croyants de son époque. On remarque toutefois qu'un questionnement demeure au sujet du canon, trois siècles après la composition des textes originaux du Nouveau Testament. Ce n'est finalement qu'en 367 de notre ère, dans sa *Lettre festale* 39, qu'un dénommé Athanase dresse une liste des livres du Nouveau Testament reconnus et acceptés de tous les croyants. Le contenu de sa liste correspond à notre propre canon néotestamentaire.

9. Quels sont les textes originaux ou les plus vieux exemplaires disponibles des évangiles ?

Il faut dire d'emblée que nous ne possédons aucun texte ou manuscrit original du Nouveau Testament, ni du reste de la Bible, d'ailleurs. Les manuscrits ou fragments dont nous disposons ont été eux-mêmes produits à partir de copies et non pas des textes « originaux ». À ce jour, nous avons environ 5700 manuscrits grecs du Nouveau Testament. Certaines copies comportent la totalité des textes néotestamentaires, tandis que d'autres n'en contiennent qu'une partie. C'est à partir de cette immense collection de manuscrits, ainsi qu'avec près de 20 000 autres documents en d'autres langues (syriaque, latin, copte, etc.) que les spécialistes ont édité le texte du Nouveau Testament que nous avons aujourd'hui.

Tous les manuscrits grecs du Nouveau Testament sont divisés en trois catégories : (1) les *papyrus*; (2) les *onciaux*; (3) les *minuscules*. À ce jour, on peut compter la découverte d'une centaine de *papyrus* (datant entre le IIe et le VIIIe siècle de notre ère). Les évangiles canoniques sont attestés vers 250 de notre ère dans le Papyrus Chester Beatty I (on le dénomme P^{45}). À l'origine, le P^{45} comportait 220 feuilles de *papyrus*, tandis que maintenant il n'en compte que 30. Conservés dans un état fragmentaire, les évangiles se présentent dans l'ordre suivant : Matthieu, Jean, Luc et Marc. Les textes de Luc et de Marc sont les mieux conservés (6 feuilles pour *Marc*; 7 feuilles pour *Luc*). Matthieu et Jean, par ailleurs, ne comptent que 2 feuilles de *papyrus* chacun. Le livre des Actes, quant à lui, se retrouve dans un état fragmentaire sur les 13 dernières feuilles du P^{45}.

Les *onciaux* sont des manuscrits écrits en majuscules. Parmi les plus significatifs, mentionnons le *Codex Sinaïticus*, qui date du IVe siècle de notre ère. Il est suivi de près par le *Codex Vaticanus*, également du IVe siècle. Ces deux *codices* sont les plus anciens manuscrits possédant le texte *complet* des évangiles. À partir du IXe siècle de notre ère, l'écriture des manuscrits se fera en employant la forme *minuscule*. Cette manière d'écrire a contribué à la production rapide et accrue de manuscrits. Le plus ancien texte complet des évangiles écrit en *minuscules* est daté de 835 de notre ère (on le dénomme MS. 461). Conservé à la bibliothèque publique de Saint-Pétersbourg, le MS. 461 est un des plus petits manuscrits grecs. Il contient 344 feuilles et mesure 16 cm sur 9, 4 cm.

Le plus ancien fragment retrouvé d'un évangile provient du Papyrus Rylands, datant d'environ 125 de notre ère (on le dénomme P^{52}). C'est un très petit morceau de l'*Évangile selon Jean* mesurant 6, 3 cm sur 8, 9 cm et qui contient le texte de *Jean* 18, 31-33 (recto) et *Jean* 18, 37-38 (verso). Même s'il ne s'agit que d'un fragment, ce témoignage est la preuve que le quatrième évangile était en circulation au début du

IIe siècle de notre ère. De plus, ce *papyrus* fut retrouvé en Égypte, près du Nil, loin de l'endroit que les spécialistes estiment être le lieu d'origine de l'*Évangile selon Jean*, soit à Éphèse en Asie Mineure, vers 90 de notre ère. Le P[45] aurait donc été copié environ 35 ans après la composition du texte original du quatrième évangile[2].

10. Qui étaient Marc, Luc, Matthieu et Jean ? Les témoignages de l'Antiquité.

L'attribution des quatre évangiles canoniques à des auteurs qui auraient pour noms Marc, Matthieu, Luc et Jean vient des traditions de l'Église ancienne. Les titres donnés aux différents manuscrits : « selon Marc », « selon Matthieu », etc. (en grec : *kata Markon, kata Maththaion,* etc.), ne sont pas originaux et datent de la fin du IIe siècle, au moment où l'attribution des évangiles canoniques à leurs auteurs traditionnels était connue.

---

2   Pour une liste des manuscrits les plus significatifs retrouvés à ce jour, voir les pages 684-720 de la 27e édition critique du Nouveau Testament de Nestle-Aland. On peut aussi consulter L. VAGANAY, *Initiation à la critique textuelle du Nouveau Testament,* 2e édition entièrement revue et actualisée par Christian-Bernard Amphoux, Paris, Cerf, 1986.

Le plus ancien témoignage que nous ayons sur la composition des évangiles canoniques est celui de Papias, évêque de Hiérapolis, en Phrygie, qui écrivit vers 130 une *Interprétation (exégèse) des Paroles du Seigneur*. Cet ouvrage ne nous est pas parvenu, mais Eusèbe, évêque de Césarée, en Palestine (mort vers 340), et grand historien de l'Antiquité chrétienne, nous en rapporte des passages dans son *Histoire Ecclésiastique* :

[15] Et voici ce que disait l'Ancien : « Marc, qui était l'interprète de Pierre, a écrit avec exactitude, mais pourtant sans ordre, tout ce dont il se souvenait de ce qui avait été dit ou fait par le Seigneur. Car il n'avait pas entendu ni accompagné le Seigneur; mais plus tard, comme je l'ai dit, il a accompagné Pierre. Celui-ci donnait ses enseignements selon les besoins, mais sans faire une synthèse des paroles du Seigneur. De la sorte, Marc n'a pas commis d'erreur en écrivant comme il se souvenait. Il n'a eu en effet qu'un seul dessein, celui de ne rien laisser de côté de ce qu'il avait entendu et de ne tromper en rien dans ce qu'il rapportait. »

[16] Sur Matthieu il dit ceci : « Matthieu réunit donc en langue hébraïque les paroles [de Jésus] et chacun les interpréta comme il en était capable » (*Hist. Eccl.*, III, 39, 15-16).

Un autre témoignage fondamental est celui de Clément d'Alexandrie (mort vers 215), rapporté encore par Eusèbe de Césarée :

[5] Dans les mêmes livres encore [*Les Hypotyposes*], Clément cite une tradition des anciens presbytres relativement à l'ordre des Évangiles; la voici : il disait que les Évangiles qui comprennent les généalogies ont été écrits d'abord [6] et que celui selon Marc le fut dans les circonstances suivantes : Pierre ayant prêché la doctrine publiquement à Rome et ayant exposé l'Évangile par l'Esprit, ses auditeurs, qui étaient nombreux, exhortèrent Marc, en tant qu'il l'avait accompagné depuis longtemps et qu'il se souvenait de ses paroles, à transcrire ce qu'il avait dit : il le fit et transcrivit l'Évangile à ceux qui le lui avaient demandé : [7] ce que Pierre ayant appris,

il ne fit rien par ses conseils pour l'en empêcher ou pour l'y pousser. Quant à Jean, le dernier, voyant que les choses corporelles avaient été exposées dans les Évangiles, poussé par ses disciples et divinement inspiré par l'Esprit, il fit un Évangile spirituel. Voilà ce que rapporte Clément (*Hist. Eccl.*, VI, 14, 5-7).

Les témoignages de Papias et de Clément se réfèrent aux Anciens, c'est-à-dire aux chrétiens de la seconde génération, qui conservaient les traditions venues des témoins de la première génération. Toute la tradition postérieure dépendra de ces deux témoignages. Papias et Clément s'accordent pour attribuer la composition d'un évangile à Marc, disciple de Pierre. Venant de deux sources archaïques différentes, ce renseignement peut être tenu pour certain selon les critères de l'histoire. Clément ne donne aucun renseignement sur Matthieu, sinon que son évangile contenait une généalogie. Mais Papias et Clément ne sont plus d'accord quand il s'agit de l'ordre dans lequel les évangiles auraient été écrits. Il semble que, pour Papias, Matthieu aurait écrit après

Marc ; selon Clément, Marc aurait écrit
après Matthieu et Luc, dont les évangiles
contenaient une généalogie du Christ
(*Matthieu* 1, 1-17 ; *Luc* 3, 23-38). À partir
de saint Irénée (mort vers 202), l'ordre
du canon des Écritures deviendra *Matthieu,
Marc, Luc* et *Jean*, peut-être parce que
Matthieu était devenu l'évangile le plus
utilisé dans les Églises.

11. Qui étaient Marc, Luc, Matthieu et Jean ? Les résultats de la recherche historique.

La question des auteurs de chacun des
évangiles reste débattue. Comme la plupart du temps en histoire, les études
n'aboutissent pas à des certitudes abso-
lues, mais à des hypothèses plus ou moins
probables.

L'évangéliste Marc

Les traditions anciennes l'identifiaient au
Jean surnommé Marc, originaire de Jérusalem, qui avait pour mère une certaine
Marie chez qui se réunissait, selon les *Actes
des Apôtres* (12, 12), la première communauté chrétienne de Jérusalem. Certains
l'identifient au jeune homme anonyme
(*Marc* 14, 51-52) et en feraient ainsi un

jeune disciple de Jésus ou quelqu'un, du moins, qui aurait connu Jésus. Il accompagna Paul et Barnabé, son propre cousin (*Colossiens* 4, 10), dans un premier voyage missionnaire (*Actes* 12, 25), se sépara d'eux (*Actes* 13, 13) et repartit ensuite avec Barnabé (*Actes* 15, 39). On le retrouve à Rome aux côtés de Paul prisonnier (*Philémon* 24), qui le charge probablement d'une mission en Asie Mineure (*Colossiens* 4, 10) et finalement le rappelle auprès de lui (2 *Timothée* 4, 11). Dans *1 Pierre* 5, 13, il est appelé le « fils très cher » de Pierre, ce qui correspond aux données traditionnelles qui en font aussi le compagnon de Pierre et son interprète. Pour nous, *Marc* est surtout un texte, qui possède l'autorité d'un témoignage apostolique, d'un témoignage venu des apôtres. Malgré des dissidences importantes contestant la priorité de *Marc*, la majorité des commentateurs datent sa rédaction aux années 65-70 et en font, chronologiquement, le premier des évangiles, même s'il est deuxième dans l'ordre biblique.

L'évangéliste Matthieu

Selon la tradition, l'auteur du premier évangile canonique serait Matthieu, l'un des

douze apôtres de Jésus (voir *Matthieu* 10, 3;
Marc 3, 18 et *Luc* 6, 15). L'évangile le
présente comme un collecteur d'impôts
(*Matthieu* 9, 9; 10, 3). Selon le témoignage
de Papias, Matthieu aurait mis « en ordre
les paroles de Jésus dans la langue hébraïque », c'est-à-dire probablement en araméen. Cet évangile araméen n'a pas laissé
de traces. Mais dans la pensée de Papias,
il « autorise » vraisemblablement la version grecque (notre *Matthieu*) qu'il a entre
les mains. Sous cette autorité, le premier
évangile reçoit donc, lui aussi, valeur de
témoignage apostolique. Mais si l'apôtre
Matthieu a pu être au point de départ de
la tradition évangélique qui porte son
nom, le texte actuel du *Matthieu* grec n'est
pas de lui. Son auteur n'est pas connu.
À partir de ce texte, on peut néanmoins
affirmer qu'il s'agissait d'un lettré juif devenu chrétien. Il correspondrait assez
bien au scribe « qui tire de son trésor du
neuf et du vieux » (*Matthieu* 13, 52). Pour
expliquer la complexité de cet évangile,
certains exégètes parlent même d'une
« école matthéenne » qui aurait conservé
et interprété des traditions évangéliques
et serait collectivement responsable de
l'actuel évangile de Matthieu. La date de

l'évangile de Matthieu est aussi discutée, mais avec une quasi-unanimité, les exégètes contemporains placent sa composition dans les années 80.

L'évangéliste Luc

Nous ne disposons d'aucun témoignage de Papias sur Luc. Irénée de Lyon (mort vers 202) écrit dans son livre *Contre les hérésies* (*Adversus Haereses*, III, 1, 1) que « Luc, le compagnon de Paul, consigna en un livre l'Évangile que prêchait celui-ci ». À la fin du IIe siècle, également, le *Canon de Muratori* (la plus ancienne liste des livres canoniques du Nouveau Testament) dit, dans un texte compliqué : « Le troisième livre de l'Évangile est selon Luc. Luc est ce médecin qui, après l'ascension du Christ, fut emmené par Paul... et qui écrivit en son nom selon la pensée [de Paul], car il n'a pas connu le Seigneur de son vivant... et commença son récit à la naissance de Jean. » Les textes du Nouveau Testament confirment ces données. Luc y est appelé médecin (*Colossiens* 4, 14), collaborateur de Paul (voir *Philémon* 24; 2 *Timothée* 4, 11 et certains passages des *Actes des Apôtres*, où l'auteur paraît rapporter des souvenirs personnels : les extraits utilisant le pronom personnel « nous » en 16, 10-17; 20, 5-15; 21, 1-18; 27, 1 — 28, 16). Luc est aussi l'auteur des *Actes des Apôtres* (cf. *Actes* 1, 1), qui est en fait la seconde partie d'un seul ouvrage, l'évangile constituant la première partie. Les critiques actuels situent en général la rédaction de cet évangile vers les années 80-90. Le livre des *Actes* aurait été composé légèrement après.

L'évangéliste Jean

Dans le chapitre 21, qui est une addition à l'évangile original de Jean, l'auteur du quatrième évangile est identifié avec « le disciple que Jésus aimait » (21, 24). À partir du IIe siècle, les traditions ecclésiastiques (Irénée, Clément d'Alexandrie) le nomment Jean et l'identifient avec l'un des fils de Zébédée, l'un des Douze. Mais les études scientifiques modernes ont considérablement modifié ces vues d'autrefois. Si la tradition originelle pourrait, d'une manière obscure, se rattacher à l'apôtre Jean, la critique reconnaît aujourd'hui que cette tradition a connu un long développement, une transmission orale et écrite, puis diverses étapes de rédaction avant d'aboutir à notre évangile actuel. Cette longue maturation, au sein de ce qu'on peut appeler une « école » johannique, ne permet donc plus de parler du témoignage oculaire d'un auteur, mis par écrit d'un seul trait au lendemain des événements. La publication du quatrième évangile, en son état final, est ordinairement datée de la fin du premier siècle, entre 90 et 100.

12. Peut-on se fier aux évangélistes ?

Qu'est-ce que les évangélistes ont retenu des actes et des paroles du Christ et dans quelle mesure peut-on se fier à ce qu'ils nous en ont rapporté ? Soulever cette interrogation, c'est se demander si une « tradition de Jésus » a existé du vivant même du Seigneur, pour être transmise, de la mémoire des apôtres, aux premières communautés chrétiennes.

Avant de nous pencher sur ce qu'ont pu être la « tradition de Jésus » et son mode de transmission, regardons d'abord ce qu'il en était chez ses contemporains juifs. Les Hébreux ont toujours été conscients de leur situation de peuple élu. Dieu a fait alliance avec eux et ils ont reçu de lui la Torah, la Loi, qu'ils conservent scrupuleusement. À côté de cette tradition « écrite », les Juifs ont bien vite développé une tradition « orale » qui venait expliquer, interpréter l'Écriture : les commentaires des rabbins en particulier. Menacés d'assimilation culturelle et religieuse par le monde grec (à partir du IVe siècle avant J.-C.), les Juifs chercheront à conserver leur identité et la tradition de leurs Pères, tant écrite qu'orale. C'est dans cet effort de survie que les rabbins ouvrirent des écoles.

Avec la création de ces écoles, les commentaires des rabbins sur la Torah prirent un essor formidable et pourtant, jusqu'au IVe siècle de notre ère (date où l'on terminera sa compilation écrite dans un livre appelé Talmud), cette tradition demeurera uniquement orale ! Cela nous amène à nous demander comment il fut possible à la mémoire humaine de véhiculer tant de matière, et cela aussi longtemps. La réponse se trouve dans leur mode d'enseignement axé sur la mémorisation.

« Que tes paroles soient peu nombreuses » (*Qohélet* 5, 1) : cette consigne visait moins la vie morale que l'enseignement. Donc, des sentences brèves que le maître fait répéter à ses disciples jusqu'à ce qu'ils les sachent par cœur : sentences qu'il faut certes comprendre par la suite, mais dont le seul rappel mental suffit à « posséder » du maître.

Un regard sur les versions originales hébraïques ou araméennes nous fait immédiatement remarquer l'élément poétique et rythmique de ces sentences, ce qui en facilitait la mémorisation; il est d'ailleurs permis de penser qu'une mélodie pouvait accompagner l'ensemble. De plus, il faut aussi considérer que, s'il n'existait pas de livre « officiel » de la tradition orale, la mémoire fut sûrement aidée par les notes personnelles des disciples et des maîtres. Le rôle de ces notes n'est pas à négliger : le Talmud en fut probablement tributaire, comme il est pensable que des notes personnelles des disciples du Christ aient influé sur la rédaction des évangiles.

Nous voici conduits au cœur de notre sujet. En effet, il est fort plausible qu'un scénario semblable se soit déroulé lors de la rédaction des évangiles. Nous voyons en premier lieu le Jésus historique qui enseigne à ses disciples. Son enseignement est comparable à celui des rabbins en ce qui regarde l'utilisation de phrases courtes, poétiques et rythmiques, destinées à être apprises par cœur.

Si le texte grec, langue dans laquelle les évangiles furent écrits, ne fait guère transparaître l'aspect rythmique des sentences, c'est qu'il s'agit d'une traduction de l'araméen, langue du Christ. Les disciples retiennent par cœur les paroles du Seigneur pour ensuite, progressivement, les comprendre, compréhension qui ne sera complète qu'après Pâques et la Pentecôte. Le Christ disparu, restent ses disciples. C'est auprès d'eux que les auteurs des évangiles vont puiser la « tradition de Jésus ». Luc écrit en effet : « d'après ce que nous ont transmis ceux qui furent dès le début témoins oculaires [...] après m'être soigneusement informé de tout à partir des origines » (*Luc* 1, 2-3). De sa forme orale originelle, la « tradition de Jésus » devient écrite avec les évangélistes. Si l'on met de côté le texte de Jean qui a eu une évolution distincte, nous nous retrouvons avec trois textes des évangiles, trois textes qui, tout en se rejoignant sur l'essentiel, diffèrent en plusieurs points. Comment expliquer ces différences ?

Précisons d'abord que les évangiles ne sont pas des biographies : « Ceux-ci [les miracles] ont été rapportés pour que vous croyiez » (*Jean* 20, 31). Comme le but était la foi, il est donc compréhensible que les auteurs sacrés ne se soient pas attachés outre mesure aux détails historiques. Quand Luc dit qu'il s'est « soigneusement informé » (*Luc* 1, 3), c'est des paroles, des sentences apprises par cœur et résumant l'enseignement du maître qu'il s'agit. Comment se fait-il alors que même le texte de ces sentences varie d'un évangile à l'autre ? Le seul fait que les évangélistes furent tenus de traduire les sentences de l'original araméen au grec serait suffisant pour expliquer ces divergences, deux traducteurs arrivant rarement au même résultat. L'écart entre les évangélistes dépasse cependant le texte même des sentences ; souvent, tout le cadre est différent ! L'explication demande ici, de nouveau, un parallèle avec les contemporains juifs du Christ, les rabbins. En effet, ces derniers véhiculaient des sentences rythmiques apprises de mémoire, mais non sans y ajouter leurs interprétations personnelles.

Ces commentaires prenaient souvent la forme de narration, de cadre dans lequel venait s'insérer la parole : le cadre servant de pente pour mieux situer la parole-sommet et, parfois, mieux l'orienter, l'appliquer aux besoins propres de l'auditoire du rabbin. Il n'est pas exagéré de penser qu'il en fut ainsi des évangélistes. D'une part, ils furent fidèles aux paroles du Christ et, d'autre part, ils furent soucieux de répondre aux besoins de leurs auditeurs : ils insérèrent donc les paroles du Seigneur dans des récits, des cadres historiques ou fictifs, peu importe. Il y a donc eu mémoire, il y a eu fidélité, mais il y a eu aussi progrès, et cela, sous l'assistance de l'Esprit saint; ainsi, nous pouvons nous fier à l'authenticité des paroles qui nous sont rapportées. Quant aux cadres, nous n'avons pas à douter de la richesse des enseignements qu'ils contiennent puisque, comme les sentences, ils sont inspirés.

13. Qui sont les personnages du Nouveau Testament ? (Prêtres, lévites, scribes, collecteurs d'impôts, pharisiens, sadducéens et zélotes.)

La société de Jésus, comme la nôtre, est traversée par différents courants de pensée. On y trouve aussi divers rôles ou fonctions. Essayons d'y voir un peu plus clair.

Des fonctions religieuses et des métiers

Dans le Nouveau Testament, on mentionne régulièrement des fonctions reliées au Temple de Jérusalem : grand prêtre, prêtre, lévite. On ne choisit pas de devenir prêtre, on naît dans une famille sacerdotale. Ces familles se divisent en deux classes : les prêtres et les lévites. Les prêtres sont de la « noblesse » sacerdotale et occupent les fonctions les plus prestigieuses. Aux lévites reviennent les tâches secondaires, plus terre-à-terre.

Le prêtre n'officie au Temple que trois semaines par année : des équipes se relayent, si bien que le service est assuré en permanence, mais par différents ministres. Durant la semaine de la Pâque juive, presque tous les officiants défilent. Les prêtres présentent les sacrifices qu'offre le peuple (le plus souvent des animaux : pigeons, tourterelles, agneaux, bœufs, etc.). Le reste de l'année, les prêtres exercent un autre métier (pas n'importe lequel, cependant) dans leur village.

Les lévites assument plusieurs fonctions dans le Temple. Certains sont responsables de l'ordre (les « policiers » du sanctuaire), d'autres animent l'office liturgique (musiciens, chantres, etc.), d'autres encore assurent l'entretien de ce haut lieu très fréquenté. Comme les prêtres, ils officient à tour de rôle trois semaines par année.

Seul le grand prêtre occupe une fonction permanente. Entre 30 av. J.-C. et 70 ap. J.-C., presque tous les grands prêtres proviennent des quatre mêmes familles (pensons à Hanne, grand-père de Caïphe, au temps de Jésus). Le grand prêtre remplit une double fonction : 1) présider les plus importantes liturgies; 2) diriger le Grand Conseil (le sanhédrin). Il jouit donc d'un réel pouvoir religieux, politique, juridique et même économique. Au temps de Jésus, seul le procurateur romain (Pilate) avait droit de regard sur certaines décisions du Conseil (qui relevait du grand prêtre).

Les scribes et les collecteurs d'impôts sont aussi très « utiles » à la société de l'époque. Les scribes sont plus instruits que la moyenne. On peut recourir à eux pour rédiger un texte important, un contrat, pour prendre des notes, etc. Comme l'imprimerie demeure inconnue, les scribes transcrivent les textes importants. En contexte juif, ils recopient donc la Bible (la plupart, cependant, se limitent à un ou deux livres). Souvent considérés comme des savants, ils jouissent d'un grand prestige.

Autre fonction : les collecteurs d'impôts. Dans les évangiles, ce terme désigne généralement ceux qui perçoivent les impôts pour le compte des Romains. Ces Juifs collaborent ainsi avec l'ennemi et plusieurs en profitent pour se « graisser la patte ». Ce sont des « fonctionnaires » à la réputation douteuse…

Des courants de pensée ou des « partis »

On parle de plus en plus des différentes formes de judaïsme au temps de Jésus. Dans cette mosaïque, plusieurs courants de pensée coexistent.

Des célèbres pharisiens, la tradition du Nouveau Testament n'a souvent retenu que des caricatures, les présentant comme des hypocrites. En fait, on trouve chez les pharisiens ce que certains considèrent comme la crème de la foi juive. C'est en grande partie grâce à eux que le judaïsme a survécu à la destruction de Jérusalem. Une pratique rigoureuse, certains points de doctrine (comme la résurrection) et la place accordée aux prophètes, autant de traits qui les distinguent. Répartis un peu partout en Israël, les pharisiens étaient aimés et respectés du peuple. Leur ferveur et leurs connaissances en matière religieuse en faisaient des conseillers recherchés.

Le Nouveau Testament mentionne aussi les sadducéens. Pour eux, les écrits sacrés se limitent aux cinq premiers livres de la Bible (le Pentateuque ou Torah). Ce parti influence surtout les décisions prises au Temple. En effet, il est fortement représenté au sanhédrin. Aux yeux du peuple, les sadducéens recherchent un peu trop le pouvoir, ce qui les amène à des compromissions, d'abord avec les Grecs, puis avec les Romains. Certains Juifs considèrent même le pouvoir des grands prêtres (les sadducéens) comme illégitime : ils attendent la restauration du vrai Temple et d'une vraie lignée sacerdotale.

Les Juifs aspirent à l'indépendance politique et religieuse d'Israël. L'occupation par les Romains est, pour beaucoup d'entre eux, totalement inacceptable. Les zélotes préconisent la révolte armée contre le pouvoir romain. Jésus aurait même choisi un disciple dans ce groupe : Simon le zélote.

14. Comment comprendre les tentations de Jésus ?

Après les récits de l'enfance, Matthieu nous a conduits, au chapitre 3 de son récit de Bonne Nouvelle, au bord du Jourdain. Jésus a été baptisé dans le Jourdain par Jean. Sorti des eaux, il a vu l'Esprit venir sur lui et il a entendu une voix disant : « Celui-ci est mon Fils bien-aimé, celui qu'il m'a plu de choisir. » Et l'évangéliste d'enchaîner : « Alors Jésus fut conduit par l'Esprit au désert, pour être tenté par le diable », comme si la tentation était la suite logique du baptême, sa conséquence immédiate.

Pour Matthieu et la communauté judéo-chrétienne du premier siècle, la plongée dans les eaux du Jourdain et l'entrée dans le désert évoquent une autre traversée et un autre désert : la traversée de la mer Rouge et les années de désert au Sinaï. Quarante années d'épreuve au cœur desquelles Dieu leur a donné les Dix Paroles (ou Dix Commandements) qui leur ont permis de devenir des femmes et des hommes libres.

Pour un juif, Pessah-Pâque ne se vit pas au passé, mais réellement au présent. Ainsi, quand la communauté matthéenne nous rapporte cet épisode essentiel de la vie de Jésus, elle partage un événement essentiel de sa propre foi : « Hier nous étions esclaves, aujourd'hui nous sommes libres », renforcé par l'événement pascal : « Hier, ô Christ, je partageais ton tombeau, aujourd'hui avec toi je ressuscite » (formulation du temps pascal dans la liturgie orthodoxe).

Mais pour nous, qui n'avons vécu ni la libération d'Égypte ni le choc du Tombeau Vide et l'arrachement à la mort, comment comprendre les tentations de Jésus ? Ce passage a-t-il réellement de quoi nous bouleverser aujourd'hui ?

Un jeûne qui donne faim

Ayant jeûné pendant quarante jours et quarante nuits... Dans les deux premiers versets, Jésus est emmené passivement au désert. Pendant quarante jours et quarante nuits (contrairement à la Création qui va de l'obscurité à la lumière, ici l'inversion suggère un passage de la lumière vers l'obscurité), il ne se passe rien, sinon que Jésus jeûne. Peut-être imaginons-nous que dans le désert, il n'y a rien d'autre à faire que jeûner ? Pourtant, le désert n'est pas obligatoirement le lieu où l'on arrête de manger. Certes, la nourriture ne s'y trouve pas toute seule; il faut s'organiser, ne pas tout manger d'un coup, profiter de la manne qui tombe du ciel... Mais désert ne rime pas forcément avec jeûne. Dans notre texte, le verbe est à l'actif, Jésus fait le choix de jeûner.

... finalement il eut faim. « Finalement », un petit mot de rien du tout qui déclenche une avalanche d'événements. En grec, ce mot se dit : *hustéron. Hustéron*, littéralement, c'est le moment qui ouvre au futur, à ce qui vient à la fin, au moment essentiel. *Hustéron*, en français, a engendré le mot utérus. Lieu de promesse et de fécondité, lieu de

naissance. *Hustéron*, lieu du bas du corps, du fond, évoque la mort, le tombeau et les profondeurs de l'inconscient. *Hustéron* a engendré aussi le mot hystérie. Par ce mot, Freud parle de ce qui traduit dans le corps les transformations profondes de l'âme. Ainsi, après quarante longues et lourdes journées de jeûne volontaire, le tournant de ce récit est un petit mot de rien du tout, qui parle de temps, de gestation, de transformation et d'ouverture au futur.

Finalement il eut faim : avoir faim, c'est aussi l'expression utilisée par Matthieu dans les Béatitudes : heureux ceux qui ont faim et soif de justice. Finalement, il eut faim : c'est avec l'expression de ce désir que s'ouvre la séquence de la tentation. La tentation survient quand arrive la fin de la gestation, quand vient le désir qui ouvre au futur.

De tentation en tentation

Première tentation : Jésus est invité à faire l'impossible, à se prendre pour Dieu et à transformer des pierres en pains. Cette tentation se relie très concrètement à l'expérience pascale du peuple dans le désert : celui qui donne à manger avec la manne, mais surtout avec les Dix Paroles, c'est Dieu. C'est le cœur du *Shema Israël* (« Écoute, Israël », la prière centrale du judaïsme).

Deuxième tentation : placé au sommet du Temple, Jésus est invité à se jeter en bas pour que des anges le sauvent. Jésus est mis au-dessus de Dieu, au-dessus du Saint des Saints qui symbolise l'habitat de Dieu sur terre.

Troisième tentation : jusqu'alors, le tentateur mettait en doute l'identité de Jésus : « Si tu es Fils de Dieu ». Jusqu'alors, il invitait Jésus à se situer par rapport à Dieu. Cette dernière tentation change de ton et ne commence plus par « Si tu es ». La question n'est plus de savoir qui *est* Jésus, mais de savoir ce qu'il *fait* : « Si tu te prosternes devant moi, je te donne tout ce que tu peux voir. » La question n'est plus de savoir si Jésus est le Fils de Dieu, la question est de savoir devant qui il se prosterne.

C'en est trop. Jusqu'alors, Jésus discutait avec cette voix qui s'était approchée de lui. Il a argumenté avec des paroles fortes de la Torah, celles qui suivent le *Shema Israël*, qui fondent une identité et une vie. Il dialoguait avec cette voix qui venait le

chercher dans sa nouvelle identité, le for-
çait à se poser des questions sur lui. Mais
maintenant, c'est terminé. Il est hors de
question que Jésus change de repère, de
référent : « Retire-toi, Satan ! » S'il n'est
pas encore bien sûr de qui il est, il sait
quel est son Dieu, indiscutablement.

Les faims de nos jeûnes

Bien des chrétiens sont engagés, ouver-
tement ou discrètement, dans les mouve-
ments de solidarité et de justice sociale.
Mais l'année est longue, et nos solidari-
tés quotidiennes prennent l'allure d'une
traversée du désert. Finalement, au bout
de nos fatigues, de nos débordements,
revient notre faim de profondeur, notre
faim de justice, de partage. Finalement,
surgit en nous le désir et d'être nourri et
de partager notre pain. Et avec lui, nos
tentations. Sans nos désirs de partage,
nous ne serions pas en danger. Sans nos
faims, nous n'aurions pas à travailler à la
question de notre identité et à choisir nos
références. Nos faims portent en elles
bien des tentations. Comment vivre les
désirs de nos faims pour qu'ils soient porteurs de vie, pour moi, pour nous, pour
les autres ?

15. Jésus est-il venu pour les pauvres ou pour les riches ?

De façon générale, on peut dire que Jésus fréquente les gens pauvres. À son époque, le judaïsme est à la fois très éclaté et très catégorisé. Les gens qui appartiennent à des groupes ou à des clans « plus purs » hésitent à faire alliance ou même à fréquenter des gens « moins purs ». Les hommes de clans de prêtres ne mariaient pas les femmes d'autres clans; les femmes se cherchaient, évidemment, un bon parti parmi les familles honorables. Tout cela est naturel mais devenait, on s'en doute, source d'intolérance.

À l'époque de Jésus, il faut ajouter la dimension « d'impureté » ou de péché qui était associée avec certains groupes de personnes ou même certains métiers. Les malades, infirmes ou blessés de toute sorte étaient souvent réduits à mendier. D'aucune façon, on ne leur permettait de vivre une vie normale au sein de la communauté ou de gagner convenablement leur vie. Certains métiers étaient hautement suspects. Ainsi, les bergers, les médecins, les tanneurs, qui avaient un contact fréquent avec le sang, la peau ou les cadavres, étaient tenus à distance. Leur métier les empêchait, bien souvent, de pratiquer scrupuleusement leur religion. Au minimum, on les considérait comme méprisables… tout juste à la frontière de la bonne « judaïté ». On constate de plus que Jésus parle avec des gens que l'on considérait passibles de mort dans la société de son temps : les personnes adultères (*Jean* 8, 1-11).

Plus rarement, on voit que Jésus fréquente des gens riches, mais qui sont méprisés par la population. Parmi les collecteurs d'impôts, on peut se rappeler Lévi et Zachée (voir *Marc* 2, 14; *Luc* 19, 2). Plus généralement, on lui reproche d'aimer leur compagnie ainsi que celle des pécheurs publics (*Luc* 15, 1-2).

Ils sont peu nombreux les passages où Jésus se trouve en contact durable avec des personnes dites « riches » et « respectables ». En fait, il est très difficile, à la lumière des évangiles, de deviner la situation économique des nombreuses personnes qui gravitent autour de lui. On pourrait croire que certains pharisiens vivent dans l'aisance, mais ce serait spéculer puisque la majorité, croyons-nous aujourd'hui, menait une vie modeste. Nicodème ou encore Joseph d'Arimathie appartiennent aux « notables juifs » (*Jean* 3, 1; *Marc* 15, 43), mais leurs liens avec Jésus semblent plus ou moins marqués par le secret. Le jeune homme riche, finalement, s'en retourne un peu penaud, puisqu'il lui manque de se départir de ses biens pour suivre Jésus (*Matthieu* 19, 22).

Jésus fréquentait-il surtout des pauvres ? Je crois qu'à la lumière de notre survol, nous pouvons dire que oui. En fait, il serait plus juste de dire que Jésus se retrouve en compagnie des exclus, parmi lesquels se trouvent des pauvres, malades, mendiants et gens méprisés. Lui-même décrit sa mission première comme d'être envoyé auprès des « brebis perdues de la maison d'Israël » (*Matthieu* 15, 24) et il invite ses disciples à se faire proches des mêmes personnes (*Matthieu* 10, 6). Dans un monde où l'on faisait très attention pour ne pas frayer avec n'importe qui, ce comportement étonne… En étant en compagnie des exclus, Jésus, le « Rabbi », a créé tout un scandale.

16. De quelles manières Jésus ressuscité s'est-il manifesté ?

Les apparitions ont une seule et unique fonction : celle d'affirmer que Jésus est vivant. Mais pour comprendre le caractère unique de cet événement, il faut connaître la culture dans laquelle il s'inscrit. En effet, les évangiles, nous le savons, divergent sur plusieurs points, mais ils affirment tous, unanimement, que les disciples ne s'attendaient pas à la résurrection de Jésus. Dans le judaïsme ancien, on croyait que lorsque l'homme mourait, il redevenait poussière : il descendait au Shéol et n'en remontait jamais. Le Shéol était par définition le lieu où Dieu n'était pas. Au moment de l'exil à Babylone (au VIe siècle avant notre ère), on commence à croire en la possibilité d'une résurrection symbolique du peuple d'Israël (*Ézéchiel* 37). Au IIe siècle avant notre ère, lors de la persécution d'Antiochus Épiphane, s'affirme la conviction que Dieu ne peut pas laisser dans la mort ceux qui sont morts par fidélité à la Loi. Dieu étant l'auteur de la vie, on croyait qu'au jugement dernier, il les ressusciterait en déclarant juste ce qui est juste et injuste ce qui est injuste. Au Ier siècle de notre ère, les pharisiens, les esséniens et, fort probablement, Jésus et ses disciples croyaient en ce jugement individuel à la fin des temps. Mais personne ne s'attendait à ce que Dieu intervienne avant la fin du monde et qu'il ressuscite Jésus immédiatement après sa mort.

La résurrection de Jésus n'est pas un fait historique que l'on pourrait mettre sur le même plan que sa mort. Personne n'a vu Jésus ressusciter. Cela marque d'ailleurs la différence entre les évangiles canoniques et les évangiles apocryphes (se dit des textes bibliques non reconnus par l'Église). Dans l'évangile de Pierre, les gardes de Pilate voient Jésus sortir du tombeau, soutenu par deux anges. Dans les évangiles canoniques, rien n'est dit sur le moment de la résurrection.

La résurrection de Jésus s'est, entre autres, affirmée dans le christianisme primitif en termes d'apparitions. Mais ces apparitions sont d'abord des expériences de foi des personnes qui en sont les bénéficiaires, et celles-ci ne nous ont pas décrit ce qu'elles ont vu. Leur expérience est cependant consignée dans le Nouveau Testament de quatre façons différentes, les mots étant toujours limités pour traduire des réalités qui appartiennent au monde de la foi. Cette pluralité de langages montre qu'au Ier siècle de notre ère, coexistaient plusieurs manières de dire la résurrection :

- Une manière sémitique, qui atteste une compréhension juive de la résurrection, où l'âme est indissociable du corps. Cette conception du réveil d'un mort se retrouve déjà dans *Daniel* 12 et dans le livre d'Hénoch au IIe siècle av. J.-C. Jésus n'est jamais décrit comme un pur esprit. Il a un corps. Ce corps porte les traces de la crucifixion, mais n'est jamais décrit.

- Une manière grecque, lorsqu'on parle de son Esprit qui continuait à vivre. Dans l'évangile de Luc, les anges au tombeau disent : « Pourquoi cherchez-vous le Vivant parmi les morts ? » (*Luc* 24, 5). Cette figure du Vivant sera reprise dans l'Apocalypse. On affirmait donc la vie de celui qui était mort. On affirmait que Dieu l'avait pris en charge et l'avait associé à sa grandeur.

- En utilisant le langage de l'exaltation, qui a ses racines dans la tradition vétérotestamentaire (c'est-à-dire de l'Ancien Testament), notamment dans les psaumes où l'on dit que le Juste souffrant sera arraché du monde des impies, sera exalté par Dieu, qui le fera monter à sa droite. L'heure, dans l'évangile de Jean, est précisément celle de l'exaltation de Jésus, qui se produit dans cet évangile au moment de sa mort, donc dans un même espace/temps.

- En utilisant le langage de la vision, nos Bibles traduisent dans *1 Corinthiens* 15, 5s le verbe *oftè* par « apparaître », mais il s'agit en fait du verbe *orao*, qui signifie « voir », à l'aoriste passif, « il a été vu ». « Il a été vu » par les disciples. Il a aussi été vu par Paul. Cette vision advient suite à une initiative du Ressuscité.

Hormis peut-être Paul, Jésus n'est jamais apparu à ses ennemis (voir le *Contre Celse* d'Origène). Les apparitions sont des expériences de foi qui exigent une réponse, une conversion.

17. De quelle façon parle-t-on de la résurrection dans le Nouveau Testament?

La résurrection de Jésus est un événement si inouï que les premiers témoins se sont trouvés bouche bée devant le tombeau vide. Ils ne trouvaient pas les mots pour dire l'indicible. Mais il fallait bien les chercher, ces mots, qui finiraient par traduire la signification de l'événement. Un long travail de discernement s'est mis en branle, dont les premiers fruits apparaissent dans les récits de manifestation du Ressuscité et dans les premières formulations du kérygme, c'est-à-dire de la proclamation publique de l'Évangile. C'est ainsi que l'apôtre Pierre, lors de sa comparution devant le grand Conseil de Jérusalem qui le prie d'expliquer la guérison d'un paralytique, proclame la bonne nouvelle de la mort et de la résurrection de Jésus :

> Le Dieu d'Abraham, d'Isaac et de Jacob, le Dieu de nos pères, a glorifié son Serviteur Jésus que vous, vous aviez livré et que vous aviez refusé en présence de Pilate décidé, quant à lui, à le relâcher. Vous avez refusé le Saint et le Juste et vous avez réclamé pour vous la grâce

d'un meurtrier. Le Prince de la vie que vous aviez fait mourir, Dieu l'a ressuscité des morts — nous en sommes les témoins (*Actes 3, 13-15*).

Trois, c'est mieux

On trouve dans cette proclamation une combinaison des trois types de langage auxquels on a eu recours pour parler de la résurrection : le langage de l'éveil, le langage de la glorification (ou exaltation), le langage de la vie. On a puisé dans le vocabulaire usuel les mots qui pouvaient le mieux exprimer la réalité nouvelle du Christ ressuscité, car l'hébreu et le grec ne possédaient pas de termes techniques spécifiques pour en parler. C'est par une combinaison de ces langages que l'on parvient à donner la parole au mystère pour qu'il puisse se dire et déployer son insondable richesse.

Dieu l'a ressuscité d'entre les morts

Le langage de l'éveil appartient aux plus anciennes professions de foi en Jésus Christ mort et ressuscité. Il exprime bien l'expérience de la rencontre de Jésus vivant : celui que la mort avait couché est désormais debout; celui qui s'était endormi dans la mort est maintenant réveillé. Ce langage joue sur l'axe mort/vie. Il met l'accent sur la continuité entre le Ressuscité et Jésus qui a vécu avec ses apôtres, qui a été crucifié et mis au tombeau. Dieu est toujours présenté comme l'auteur de la résurrection. Le langage joue aussi sur l'axe de l'avant/après, et met ainsi l'accent sur la rupture. En relevant Jésus du séjour des morts, Dieu brise les liens qui enserraient Jésus dans la mort. Le langage de l'éveil présente le fait de la résurrection, mais n'explique pas la raison de l'agir de Dieu ni la signification de l'état nouveau de la vie du Ressuscité.

Le Dieu de nos pères a glorifié son serviteur Jésus

Le langage de la glorification ou de l'exaltation vient combler ce manque. Il naît de la conviction que Dieu ne peut pas abandonner le juste qui a été humilié par ses ennemis, persécuté ou mis à mort. Il en va de la vérité et de la justice de Dieu qui seul peut se prononcer sur la destinée de chaque être humain. Le personnage du Serviteur souffrant est l'exemple le plus éloquent du langage de l'exaltation, en particulier dans le 4e poème : « Voici que mon serviteur réussira, il sera haut placé,

élevé, exalté à l'extrême » (*Isaïe* 52, 13).
Les chrétiens reconnaîtront dans le Serviteur de Dieu la figure du Christ que Dieu
exalte auprès de lui en le ressuscitant des
morts. L'application au Christ du langage
de l'exaltation trouve une de ses plus belles
expressions dans l'hymne de la *Lettre*
aux Philippiens 2, 6-11 : « Il s'est abaissé,
devenant obéissant jusqu'à la mort, à la
mort sur une croix. C'est pourquoi Dieu
l'a souverainement élevé... » Le langage
de l'exaltation dit autrement la prodi-
gieuse surprise de Pâques. L'exaltation et
la résurrection sont les deux faces d'une
même réalité : l'affranchissement de Jésus
des liens de la mort par la puissance vivi-
fiante du Père. La résurrection de Jésus est
le resplendissement de la gloire du Père
(*Jean* 17, 4-5).

Le prince de la vie

Enfin, le langage de la vie est celui auquel
nous sommes probablement les plus sen-
sibles, à cause de la conscience des limites
de notre vie. Le langage de la vie a le
mérite de nous dire l'état actuel de Jésus
ressuscité et exalté dans la gloire du Père.
Il nous permet aussi d'espérer que le baptême dans sa mort nous rende solidaires

de sa résurrection afin que nous vivions par lui et avec lui, en actualisant dans notre vie sa victoire sur le mal et le péché (*Romains* 14, 7-8).

18. Un récit biblique peut-il être à la fois historiquement faux et théologiquement vrai ?

Permettez-moi de commencer en vous racontant une histoire.

Un jour, quand j'étais petit, je me suis battu avec un voisin de la rue « ennemie », le grand Gaby. Il m'avait agrippé par le collet et me tenait fermement en menaçant de me donner « toute une raclée ». Comme il était plus gros et plus fort, je n'essayai même pas de me défendre. Mais je lui dis : « Je commence à m'impatienter. Je suis en train de me fâcher. » Peu impressionné, il se tourna plutôt vers mes amis en les menaçant de leur « régler leur compte », à eux aussi. Or, j'avais suivi des cours de judo. Me servant de son poids et de sa grosseur, je lui administrai une jambette qui l'envoya rouler dans le gravier.

Je n'ai aucun souvenir de la suite. Le tout s'est-il réglé à l'amiable? Avais-je perdu connaissance? Je l'ignore. Plus tard, des amis m'ont affirmé que l'événement avait eu lieu dans une ruelle autre que celle dont j'avais le souvenir. Et que ce n'était pas le grand Gaby, mais plutôt un certain Stéphane. Il était grand et fort, mais peut-être pas tout à fait comme je l'imaginais. Puis tout à coup, nous avons réalisé que ma mémoire avait emmêlé deux événements différents, mais qui comportaient certains points de ressemblance.

Lorsque nous parlons du monde biblique, nous ne parlons pas de n'importe quel écrit. La matière première, c'est la mémoire d'un peuple. Or, la mémoire retient et organise, tout particulièrement dans un domaine comme la foi, de manière à donner du sens à ce qui arrive. Ainsi, dans mon histoire, je me souviens parfaitement de ce que nous en avons tiré comme leçon de vie : « Pour être vainqueur, il ne suffit pas d'être grand et fort. Il faut plutôt savoir intervenir au bon moment et à la mesure de nos capacités. »

La plupart des récits bibliques sont fondés sur une base historique, au sens de « quelque chose qui s'est déroulé dans le temps et dans l'espace ». Mais de récits détaillés de ces événements, à la manière « journalistique », nous n'en avons pas. Faute de sources variées — la base de la recherche historique —, il nous est difficile de savoir ce qui s'est passé exactement. Ainsi, dans mon histoire, c'est le témoignage d'amis qui m'a permis de préciser ce qui s'était passé. Dans le cas des récits bibliques, nous pouvons rarement les confronter avec des sources d'information extérieures.

Il est donc très difficile d'affirmer que « cet événement ou cet épisode évangélique » n'a pas de fondement historique. Les sciences historiques, lorsqu'elles se penchent sur les textes sacrés, peuvent tirer un grand nombre de renseignements sur les événements, la culture, la vie de l'époque, etc. Mais les historiens peuvent rarement affirmer avec certitude qu'un événement a eu lieu ou non, faute de sources variées. Ils peuvent cependant dégager de leur analyse une très forte probabilité.

Prenons l'exemple du massacre des saints innocents (*Matthieu* 2, 16). Avec ce récit, le problème que nous avons est très simple : seul l'évangile de Matthieu en parle. Ni les textes bibliques ni les autres documents contemporains ne signalent cet événement. S'il s'était produit, on n'aurait pas manqué de le souligner ailleurs. Il y a donc un premier problème : le silence des sources… De plus, Matthieu, le seul qui raconte l'événement, le fait dans un contexte fortement marqué par une vision théologique. Le massacre des saints innocents et la fuite en Égypte (*Matthieu* 2, 13-21) sont très colorés par des citations de la Première Alliance. Le message est clair : Jésus, le deuxième Moïse, inaugure une nouvelle phase de l'histoire du peuple de Dieu. Nouveau départ.

Des liens des profondeurs

Malgré l'imprécision de mon souvenir, le récit de ma « bagarre » avait trouvé une place en moi. J'y trouvais un sens, une leçon de vie. Et c'est pour cela qu'elle m'habite et que je la raconte encore, après toutes ces années. La mémoire fait des liens qui étonneront toujours. Dans notre société scientifique, nous considérons comme de la plus haute importance l'exactitude, au plan historique… parfois au détriment du sens que l'on peut en dégager.

Or, les écrits bibliques sont l'héritage spirituel de générations et de générations de croyants. Le peuple d'Israël a composé peu de traités ou d'ouvrages « dogmatiques ». Ce qu'il comprend, il le raconte. Des récits, en apparence anodins, recèlent des trésors de sens et de compréhension du monde. Le peuple avait un certain souci de raconter des événements qui s'étaient produits, mais il faut avouer que l'exactitude n'était pas leur valeur première. Ces récits donnaient vie, transmettaient la vie. Ils condensaient tout ce qu'Israël, et par la suite l'Église des origines, comprenait de Dieu et de sa longue marche. Les événements, *tels que racontés*, étaient porteurs de sens.

Vous pouvez me dire : « Ce n'était pas Gaby mais Stéphane ! » Je vous répondrai : « C'est possible. Je ne m'en souviens plus très bien. Mais il y a une chose que j'ai apprise alors et que vous ne pouvez pas m'enlever : j'ai compris ce jour-là qu'il ne suffisait pas d'être grand et fort pour être respecté. Il faut être rusé et intelligent, savoir quand intervenir. »

Certains détails peuvent nous faire défaut, c'est vrai, mais la pertinence d'une histoire était — et est encore ! — jugée par sa capacité d'éclairer le présent. Voilà pourquoi elle peut être vraie spirituellement et théologiquement. L'éclairage de vie que je tire de ce récit, et de tant d'autres, est si profond et si vrai au niveau du sens que la question historique, même si elle est importante et intéressante, m'apparaît alors secondaire.

19. Jésus a-t-il réellement existé ?

L'existence de Jésus n'est pas un point litigieux. Tous les historiens modernes l'admettent sans aucune difficulté. La négation de l'existence de Jésus a été une arme du rationalisme des XVIIIe et XIXe siècles, mais il s'agissait là d'une polémique antichrétienne plus que d'un argument scientifique. De toute façon, l'existence d'une personne ne dépend pas du nombre des attestations extérieures ou neutres, pas plus que de la contemporanéité des attestations. Les attestations sur Jésus de

Nazareth sont d'ailleurs plus nombreuses que pour 99 % des personnes qui ont vécu à son époque. Des historiens romains en parlent, des écrits juifs, etc. Les références précises se trouvent facilement dans la littérature sur le Jésus de l'histoire et le Christ de la foi.

De plus, le témoignage du Nouveau Testament ne peut pas être balayé entièrement du revers de la main parce que partial. Même si tout le monde admet une partie d'actualisation et d'adaptation, voire de réinterprétation, de la part des premières communautés chrétiennes, celles-ci ne sont quand même pas allées jusqu'à inventer de toutes pièces le personnage de Jésus de Nazareth. Car le vrai problème est là. Si personne ne doute de l'existence de Jésus de Nazareth, ce sont ses faits et gestes ainsi que leur juste interprétation par les premières générations chrétiennes qui sont mis en question aujourd'hui. Autrement dit, tout en admettant que Jésus a bel et bien existé, ou même qu'il a exercé une mission prophétique avec des disciples, les conclusions théologiques des premiers siècles chrétiens sont remises en question par plusieurs aujourd'hui. Cela ne signifie nullement que la foi chrétienne soit faus-

se. Encore et toujours, chacun est renvoyé
à la perspective de foi.

20. Pourquoi Judas est-il un personnage maudit ?

À la lecture des évangiles canoniques, on pourrait croire que Judas Iscariote est un personnage maudit, puisqu'il semble être prédestiné à trahir son maître. La plupart des références à Judas le présentent comme celui qui livre Jésus (*Matthieu* 10, 4; *Marc* 14, 42-43; *Luc* 22, 21; *Jean* 6, 71). Certains textes vont même jusqu'à le diaboliser en l'associant aux figures du diable (*Jean* 6, 70; 13, 2) et de Satan (*Luc* 22, 3; *Jean* 13, 27). Mais le lecteur des évangiles peut rester perplexe quant à l'interprétation que donnent les évangélistes du geste de Judas à l'égard de son maître. Les synoptiques (Matthieu, Marc et Luc) expliquent qu'il était nécessaire que Jésus soit livré afin que l'Écriture s'accomplisse (*Matthieu* 26, 23-24; *Marc* 14, 20-21; *Luc* 22, 21-22). Ces textes responsabilisent du même coup Judas, parce qu'il effectue le geste en question. Mais il existe tout de même une tension entre le libre arbitre de Judas et la volonté divine. Cette aspérité est d'autant plus difficile à résoudre lorsqu'on regarde du côté de la tradition johannique. Dans le quatrième évangile, Judas n'a aucun pouvoir sur Jésus, car ce dernier donne sa vie volontairement (*Jean* 10, 17-18) :

> Le Père m'aime parce que je me dessaisis de ma vie pour la reprendre ensuite. Personne ne me l'enlève mais je m'en dessaisis de moi-même; j'ai le pouvoir de m'en dessaisir et j'ai le pouvoir de la reprendre : tel est le commandement que j'ai reçu de mon Père.

L'auteur de l'*Évangile selon Jean* semble même dire que Jésus a choisi Judas Iscariote en sachant bien que celui-ci allait le livrer (*Jean* 6, 70-71). Il n'est donc pas étonnant de voir que Satan entre en Judas lors du dernier repas, au moment même où Jésus lui donne la bouchée de pain (*Jean* 13, 26-27). Le traître semble être tout simplement un pion de Jésus. Les synoptiques (*Matthieu*, *Marc* et *Luc*), quant à eux, comprennent la trahison comme l'accomplissement des Écritures. Celui qui provoque l'événement est personnellement responsable de son geste. C'est pourquoi la tradition synoptique contient une malédiction prononcée contre Judas Iscariote (*Matthieu* 26, 24; *Marc* 14, 21; *Luc* 22, 22). Dans ce cas-ci, la trahison n'est pas résultat direct du choix de Judas comme traître, mais découle de son propre désir de trahison. Pour ce qui est de la tradition johannique, la référence à l'accomplissement de l'Écriture est maintenue, mais Judas est dépourvu de toute détermination personnelle. D'ailleurs, on remarquera que la malédiction – qui sert essentiellement à responsabiliser l'individu – n'est pas mentionnée dans le quatrième évangile. L'Iscariote est délibérément choisi par Jésus en vue de la trahison. Il n'est donc pas surprenant que nous ayons l'impression qu'il soit maudit.

Mais est-il possible que Judas ait obtenu le pardon de sa faute après s'être repenti ? Il faut mentionner que seul l'*Évangile selon Matthieu* parle du repentir de Judas : « [Il] fut pris de remords et rapporta les trente pièces d'argent aux grands prêtres et aux anciens, en disant : "J'ai péché en livrant un sang innocent" » (*Matthieu* 27, 3-4). Il existe deux traditions différentes sur les circonstances de sa mort : « Il alla se pendre » (*Matthieu* 27, 5) et « [il] avait acheté une terre : il est tombé en avant, s'est ouvert par le milieu et ses entrailles se sont toutes répandues » (*Actes* 1, 16-20). En *Marc*, *Luc* et *Jean*, Judas disparaît discrètement de la scène; il n'y a aucune allusion à son repentir. Le quatrième évangile ne souscrit certainement pas à l'idée d'un pardon possible pour Judas Iscariote, puisqu'il est clairement nommé « diable » (*Jean* 6, 70) et « fils de la perdition » (*Jean* 17, 12).

En conclusion, ces différentes manières d'interpréter le geste de Judas Iscariote résultent possiblement d'une réalité historique : un des proches de Jésus de Nazareth aurait livré son maître aux autorités. Les évangélistes ont cherché à expliquer la trahison en réinterprétant certains textes de la Bible hébraïque ou en faisant appel aux catégories théologiques à leur disposition.

21. Jésus était-il marié à Marie-Madeleine ?

Le *Code Da Vinci*... voilà un livre qui a fait couler beaucoup d'encre ! Si cet ouvrage a connu un tel succès, c'est qu'il répond à une quête de vérité, à un désir de connaître davantage l'homme que fut Jésus de Nazareth. Et comme dans notre société la sexualité n'est plus un sujet tabou, on se demande légitimement si ce Jésus de Nazareth était en tout point semblable à nous. Et conséquemment, aurait-il eu, oui ou non, une relation amoureuse avec Marie de Magdala ?

Le *Code Da Vinci* l'affirme sans le prouver. Il affirme même que Jésus aurait eu avec elle une fille nommée Sarah. Jésus, de descendance davidique, aurait épousé une benjaminite, de descendance royale (de la lignée de Saül). Ils auraient été les ancêtres des rois mérovingiens. Malheureusement, ce sont là des affirmations gratuites. Le *Code da Vinci* est un roman !

Ce qui donne de la crédibilité à ce roman, c'est qu'il utilise certaines données véridiques : attestation de Marie de Magdala comme premier témoin de la résurrection dans les quatre évangiles, distinction entre Marie de Magdala (*Luc* 8, 2) et la pécheresse (*Luc* 7, 36-50) dans l'évangile de Luc, affirmation qu'à cette époque un homme avait le devoir de se marier, etc. Toutefois, les liens que Dan Brown fait avec Jésus et l'interprétation qu'il en donne sont erronés. Si Jésus avait eu une épouse, les évangiles (canoniques et apocryphes) l'auraient clairement mentionné, parce qu'à cette époque, il était tout à fait normal d'avoir une épouse et de voyager avec elle. On sait, par exemple, que Pierre était marié et qu'il voyageait avec sa femme (*1 Corinthiens* 9, 5); cela ne posait aucun problème.

Nous ne savons pas si Jésus s'est un jour marié. Il y a là un vide historique. Ce que nous savons, par contre, c'est qu'au moment de commencer son ministère public, il ne l'était pas ou il ne l'était plus. Marie de Magdala ne peut donc pas avoir été sa femme. Voici pourquoi :

1)   Les évangiles affirment unanimement que Jésus a été influencé par Jean-Baptiste, qui annonçait la venue d'un jugement définitif de Dieu. Or, Jean-Baptiste était le fils de Zacharie, un prêtre qui officiait au

Temple de Jérusalem. À cette époque, on était prêtre par descendance. Un fils de prêtre avait l'obligation de se marier pour assurer à sa famille une descendance. Mais que fait Jean-Baptiste ? Il choisit de ne pas se marier, de ne pas officier au Temple et d'annoncer, sur le bord du Jourdain, un baptême de repentance. L'immolation spirituelle de la personne remplaçait l'immolation des animaux au Temple. Suivant ces traces, à l'aube de son ministère, Jésus choisit comme lui le célibat.

2)   Jésus était marqué par le mouvement apocalyptique. Il proclamait que Dieu avait déjà commencé à agir, que son règne de salut était arrivé. Tout son être était mobilisé par cette annonce du règne qui venait. En d'autres mots, la fin du monde s'en venait ! C'était pour demain matin… il y avait urgence ! Il fallait se décider tout de suite ! Quand on est dans un tel état d'esprit, on ne pense pas à fonder une famille et à s'installer. On n'écrit même pas de livre, parce que toutes ses énergies sont mobilisées par cet événement à venir et déjà là, par cet événement glorieux dont le rayonnement se manifestait déjà dans l'agir de Jésus.

3) Si Marie de Magdala apparaît, dans les quatre évangiles canoniques, comme témoin de la résurrection, c'est qu'elle était, pour les communautés primitives, une femme de foi. On nomme comme témoins de la résurrection les figures importantes du christianisme primitif.

4) Nous ne savons pas si Jésus avait déjà été marié, parce que les évangélistes ne se sont jamais souciés d'écrire une chronique de la vie de Jésus, et ce, pour une raison très simple : les chroniques appartiennent à un milieu de vie particulier, celui des cours royales. Elles sont tenues par des scribes soucieux d'archiver les faits et gestes du souverain. Ce n'était pas le milieu de vie de Jésus ni celui des communautés primitives. Nous ne possédons donc pas d'archives officielles présentant ce genre de détail sur la vie de Jésus de Nazareth. Nous ne possédons que des témoignages de foi.

22. Est-ce qu'il y avait des femmes parmi les disciples de Jésus ?

Chaque fois que j'entends cette question, je sursaute. D'abord, parce qu'on me la pose très souvent. Ensuite, parce que la personne qui me la pose tient souvent pour acquis qu'aucune femme ne faisait partie du groupe des disciples de Jésus. L'étonnement passé, je réalise combien les mots peuvent être trompeurs. Prenons le temps de clarifier.

Des femmes parmi les disciples de Jésus ?

Parmi les disciples de Jésus, aurions-nous rencontré des femmes? Au moins deux expressions nous permettent de le croire. D'abord, les évangiles nous présentent des femmes qui « suivaient Jésus ». Cette première expression désigne, en effet, la suite d'un maître. Des personnes écoutent l'enseignement de Jésus, tentent de le mettre en pratique et le suivent (parfois à travers ses déplacements). Parmi ces groupes de disciples — dont il est souvent question dans les évangiles — n'y aurait-il eu que des hommes? Plus explicitement, il est question d'un groupe de femmes qui le suivaient, depuis les débuts de sa vie publique jusqu'à la croix : « Tous ses familiers se tenaient à distance, ainsi que les femmes qui le suivaient depuis la Galilée et qui regardaient » (*Luc* 23, 49 et parallèles). Nous apprenons, par ailleurs, que des femmes de l'entourage de Jésus l'assistaient financièrement (*Luc* 8, 1-3).

Voyons maintenant l'expression « être assis aux pieds » de quelqu'un. Elle évoque la position du disciple. Paul y recourt, dans les *Actes des apôtres* : « Je suis Juif, né à Tarse en Cilicie, mais c'est ici, dans cette ville, que j'ai été élevé et que j'ai reçu aux pieds de Gamaliel une formation strictement conforme à la Loi de nos pères » (*Actes* 22, 3). Ailleurs dans les évangiles, des disciples anonymes sont « assis autour de Jésus » (*Marc* 3, 32.34) ou « à ses pieds » (*Luc* 8, 35). Mais voici que Marie, la sœur de Marthe, « s'étant assise aux pieds du Seigneur, écoutait sa parole » (*Luc* 10, 39)! Voilà bien la position d'une authentique disciple de Jésus! D'ailleurs, cela constitue, à n'en pas douter, la « meilleure part » qui « ne lui sera pas enlevée » (*Luc* 10, 42). À la lumière de ces extraits, nous pouvons donc affirmer qu'il y avait des femmes parmi les disciples de Jésus. À cette époque, ce n'était pas pratique courante. Mais peut-être n'est-ce pas tout…

Des femmes parmi les « apôtres » ?

Beaucoup s'étonneront que la question soit même posée. « N'y a-t-il pas seulement douze apôtres ? Ne connaissons-nous pas leurs noms ? » Dans le Nouveau Testament, le terme « apôtres » n'est pas réservé aux Douze. De fait, seul l'évangéliste Luc l'applique presque exclusivement à ce groupe. Paul, par ailleurs, se présente lui-même comme apôtre : « Paul, apôtre, non de la part des hommes, ni par un homme, mais par Jésus Christ et Dieu le Père qui l'a ressuscité d'entre les morts… » (*Galates* 1, 1 ss). Bien qu'il se dise « le plus petit des apôtres » (*1 Corinthiens* 15, 9) ou l'« apôtre des païens » (*Romains* 11, 13), il ne défend pas moins la légitimité de ce titre (*1 Corinthiens* 9, 1). D'ailleurs, Paul l'attribue aussi à ses compagnons de mission (*1 Thessaloniciens* 2, 7) ou même à certains adversaires qu'il traite de « faux apôtres » ou, avec ironie, de « superapôtres » (*2 Corinthiens* 11, 13.15). Sous le terme « apôtres », il inclut d'autres groupes que celui des Douze.

De même, dans l'évangile de Luc, nous trouvons un groupe élargi d'« envoyés » ou d'apôtres. Au chapitre 10, en effet, voici que Jésus choisit « soixante-douze autres disciples et les envoya deux par deux, devant lui » (versets 1 et 17). Si on ne trouve aucune femme dans le groupe des Douze, peut-on en dire autant du groupe des « envoyés » ou « apôtres » au sens large ?

En résumé, dans le Nouveau Testament, les termes « envoyé » et « apôtre » s'appliquent à d'autres groupes qu'aux Douze. Ils désignent alors les personnes envoyées pour annoncer le message évangélique.

Voici maintenant que l'épître aux Romains présente une femme, Junias, comme « apôtre » au même titre que son mari (*Romains* 16, 7). Ailleurs, on apprend que des épouses « d'apôtres » participent aux voyages missionnaires (*1 Corinthiens* 9, 5). Quelle est la nature exacte de cet « envoi » ? Difficile à dire. Mais il semble que certaines femmes aient été intimement liées à l'annonce de la Bonne Nouvelle. Est-il si improbable que d'autres (comme la Samaritaine) se soient mises à courir et à dire aux gens : « Ne serait-il pas le Christ ? » (*Jean* 4, 29). Ainsi, dans le Nouveau Testament, il est même possible qu'on trouve des traces de femmes envoyées ou « apôtres », au sens large du terme.

23. Paul était-il misogyne ?

Pauvre Paul ! Sa réputation de misogyne le suivra donc toujours. Bien des efforts ont pourtant été faits ces dernières décennies pour rétablir les faits et lui rendre justice. Mais on ne pourra jamais oblitérer des paroles comme : « Femmes, soyez soumises à vos maris » (*Éphésiens* 5, 22) ; « Que les femmes se taisent dans l'assemblée » (*1 Corinthiens* 14, 34) ; « Le chef de la femme, c'est l'homme » (*1 Corinthiens* 11, 3). Mais Paul a-t-il vraiment prononcé toutes ces paroles ? Nous y reviendrons.

Que ces paroles ne nous fassent toutefois pas oublier des propos extrêmement avant-gardistes, voire féministes, de Paul, tels ceux de *1 Corinthiens* 7, 2-4 : « Que chaque homme ait sa femme et chaque femme son mari. Que le mari remplisse ses devoirs envers sa femme, et que la femme fasse de même envers son mari. Ce n'est pas la femme qui dispose de son corps, c'est son mari. De même, ce n'est pas le mari qui dispose de son corps, c'est sa femme. » Quelle belle réciprocité ! Des paroles absolument renversantes dans une société où la femme n'avait aucun droit.

Une telle affirmation d'égalité aurait certainement réjoui le cœur de nos grands-mères (et de nos mères peut-être).

Plus encore, Paul affirme que, dans la foi chrétienne, « il n'y a plus ni homme, ni femme » puisque « tous sont égaux en Jésus, Christ ». Que penser aussi de la diaconesse Phoebé que Paul envoie à Rome, à la tête d'une délégation qui comprenait des hommes, bien sûr (*Romains* 16, 1)? (Tiens! Les femmes pouvaient être diaconesses, au temps de Paul!) Que penser également des nombreuses collaboratrices de Paul, dont Prisca, qui semble avoir joué un rôle plus important que son mari Aquila (du fait qu'elle soit nommée en premier, en *Romains* 16, 3)?

Bien sûr, cela n'élimine pas les paroles choquantes énoncées plus tôt, mais il y a tout de même des circonstances atténuantes. Disons d'abord que la citation d'*Éphésiens* 5, 22 n'est pas de Paul, puisque ce n'est pas lui qui a écrit la lettre aux Éphésiens. Cette lettre aurait été écrite après sa mort, vers la fin du premier siècle, dans une Église qui s'institutionnalise et qui semble vouloir resserrer les contrôles. Eh oui! il semble que les propos de Paul aient eu un effet de libération si grand chez les femmes que les dirigeants religieux ont rapidement senti le besoin de limiter cette liberté.

« Que les femmes se taisent dans l'assemblée » (*1 Corinthiens* 14, 34). Il est fort possible que Paul cite ici une phrase de la lettre qu'il a reçue des Corinthiens, afin de mieux la réfuter. D'ailleurs, Paul reprend régulièrement des questions ou affirmations de ses correspondants afin d'y répondre ou de les commenter (comme c'est le cas en *1 Corinthiens* 6, 12 ; 7, 1 ; 15, 35). Ici, c'est d'autant plus vraisemblable que quelques versets auparavant (14, 31), Paul reconnaît que tous peuvent prophétiser dans l'assemblée, ce qui inclut évidemment les femmes (droit qu'il leur reconnaît d'ailleurs au chapitre 11, verset 5 de la même lettre). Or, comment pourraient-elles prophétiser si elles doivent se taire ? Il se pourrait bien que des membres de la communauté corinthienne, en écrivant à Paul, aient réclamé qu'il ordonne aux femmes de se taire. La façon dont il les rabroue au v. 36 le laisserait entendre.

Quant à l'affirmation de *1 Corinthiens* 11, 3, elle reflète une vision hiérarchique que l'on ne peut nier. Mais le traitement de cette question requerrait beaucoup plus d'espace que nous en disposons ici. Rappelons seulement que Paul ne peut à lui seul transformer la société gréco-romaine et sa culture. Après tout, il a déjà fait plus que quiconque à l'intérieur des communautés chrétiennes. On peut cependant penser que, lorsqu'il invite les femmes à se couvrir la tête (vv. 5-6.10) pour prier et prophétiser à l'intérieur de l'assemblée, il souhaite qu'elles mettent toutes les chances de leur côté afin que leurs prières et leurs témoignages soient accueillis. En effet, si, selon les coutumes, il n'est pas socialement admis que les femmes aient la tête nue, elles risqueraient de miner leur propre crédibilité auprès de plusieurs en n'étant pas coiffées. Le fait d'être coiffées serait alors considéré par Paul comme « une marque d'autorité » (v. 10, passage que certaines Bibles traduisent à tort par « une marque de leur dépendance »), c'est-à-dire que cela leur confère un pouvoir, celui d'être écoutées et d'instruire l'audience.

Ces quelques paragraphes sont bien courts pour traiter d'un sujet aussi important. Retenons seulement que Paul a fait montre d'une ouverture peu commune dans la société de l'époque à l'égard des femmes, une attitude qui n'avait eu d'égale que celle de Jésus. Si, au cours des siècles, nos chefs religieux avaient poursuivi sur cette lancée, on peut difficilement imaginer tous les bénéfices qu'en aurait retirés la chrétienté.

24. Quels sens donner aux chiffres dans la Bible ?

Lorsque nous lisons dans le journal qu'un homme est mort à 38 ans ou qu'un incendie a ravagé un immeuble de 7 étages, nul d'entre nous n'éprouve de doute concernant la signification de ces chiffres. Ils expriment avec précision l'âge de cet homme et le nombre d'étages que comportait cet immeuble. Par contre, si nous lisons dans l'évangile qu'après la multiplication des pains on recueillit 7 corbeilles de morceaux, les choses sont un peu différentes. Nous ne sommes plus tellement sûrs que les chiffres correspondent vraiment à la quantité de corbeilles de pain ramassées ce jour-là.

C'est que, pour nous, le chiffre a une signification bien différente de celle qu'il revêtait pour les Orientaux de l'Antiquité. Alors que nous l'utilisons normalement pour préciser une quantité, le chiffre, dans la mentalité biblique, peut désigner trois réalités nettement distinctes : la quantité, le symbole et le message gématrique.

Le sens quantitatif

Le sens premier du chiffre, dans la Bible, est celui des quantités. En cela, il ne diffère pas de celui auquel nous nous référons couramment. La Bible nous dit, par exemple, que le roi Josias régna 31 ans à Jérusalem, que Béthanie, le bourg où Jésus ressuscita Lazare, est située à une distance de 15 stades (3 km) de Jérusalem. Il est évident qu'ici, aucun de ces chiffres n'a un sens symbolique ou une valeur de message. Tous se réfèrent purement et simplement au nombre d'années ou à la distance dont il est question dans le texte.

On peut trouver dans la Bible bien d'autres chiffres qui, comme ceux-là, sont utilisés pour nous fournir des informations qui servent uniquement à préciser une quantité. Pas de confusion possible à ce sujet : ce que dit le chiffre est exactement ce que l'auteur lui-même veut dire.

Le sens symbolique

Les chiffres bibliques peuvent aussi avoir un deuxième sens : le sens symbolique. Un chiffre symbolique exprime non pas une quantité, mais une idée, un message distinct de lui, qui le dépasse et le déborde.

Il n'est pas toujours possible de savoir pourquoi tel chiffre signifie telle chose. L'association qui est faite d'une réalité avec une autre est parfois incompréhensible. C'est pourquoi ces chiffres ne peuvent être dits rationnels et restent difficiles à interpréter pour nous, Occidentaux, prisonniers de la logique. Mais les Sémites, eux, s'en servent tout naturellement pour transmettre des idées, des messages ou des clefs.

Bien que la Bible n'explique jamais ce que symbolise chacun des chiffres, les spécialistes ont réussi à découvrir certaines de leurs significations symboliques, éclairant ainsi de nombreux épisodes bibliques qui, du coup, sont devenus plus compréhensibles.

La valeur symbolique de 7, 12 et 40

Le chiffre 7 a une signification symbolique bien connue de tous. Il représente la perfection. C'est pourquoi Jésus dira à Pierre qu'il doit pardonner à son frère jusqu'à 70 fois. Ce chiffre peut aussi désigner la perfection dans le mal, ou le mal suprême, comme c'est le cas lorsque Jésus enseigne que, si un esprit immonde sort d'un homme, il peut revenir avec 7 autres esprits plus mauvais, ou quand l'évangile nous apprend que le Seigneur a délivré Magdeleine de 7 démons.

Étant donné qu'il exprime la perfection, ce chiffre apparaît très souvent en relation avec les choses de Dieu. L'auteur de l'Apocalypse est celui qui y recourt le plus fréquemment. Il l'utilise 54 fois, pour décrire symboliquement des réalités divines : les 7 Églises d'Asie, les 7 esprits autour du trône de Dieu, les 7 trompettes, les 7 candélabres, les 7 cornes et les 7 yeux de l'agneau, les 7 tonnerres, les 7 plaies, les 7 coupes déversées. Nombreux sont ceux qui font erreur en voyant dans ce chiffre l'expression d'une quantité ou d'un temps réel.

Un autre nombre symbolique est le 12. Il sert à exprimer l'élection. Ainsi parlera-t-on des 12 tribus d'Israël, bien qu'en fait l'Ancien Testament en signale plus de 12;

mais ce qu'on veut signifier, c'est que ces tribus sont élues. De même, on ramène à 12 le nombre des prophètes mineurs de l'Ancien Testament. L'évangile, à son tour, mentionne 12 apôtres de Jésus et les nomme « les Douze », parce qu'ils sont les élus du Seigneur. On lit également que Jésus assure de tenir à sa disposition 12 légions d'anges. L'Apocalypse, quant à elle, parlera des 12 étoiles qui couronnent la Femme, des 12 portes de la Jérusalem céleste, des 12 anges et des 12 fruits de l'arbre de Vie.

Le nombre 40 a, lui aussi, une valeur symbolique : il représente le remplacement d'une période par une autre ou les années qui constituent la durée d'une génération. Ainsi, le Déluge se prolonge pendant 40 jours et 40 nuits, c'est-à-dire le temps du passage à une humanité nouvelle. Les Israélites séjournent 40 ans dans le désert, le temps nécessaire pour que la génération infidèle soit remplacée par une autre, nouvelle. Moïse reste 40 jours sur le mont Sinaï et Élie marche durant 40 jours pour y parvenir, temps au terme duquel leurs vies seront modifiées. Le prophète Jonas passe 40 jours à annoncer la destruction de Ninive afin de donner aux habitants le temps de changer de vie. Jésus jeûnera 40 jours pour marquer son passage de la vie privée à la vie publique.

Le sens gématrique : un alphabet pour compter

En plus du sens quantitatif et symbolique, le troisième sens qu'un nombre peut avoir dans la Bible est le sens « gématrique ». Qu'est-ce que cela veut dire ? C'est là une particularité des langues hébraïque et grecque. Alors que chez nous on utilise certains signes pour représenter les chiffres (1,2,3) et d'autres signes pour représenter les lettres (a,b,c), l'hébreu et le grec recourent aux lettres mêmes de l'alphabet pour désigner les chiffres. Ainsi, le 1 est représenté par la lettre a, le 2 par la lettre b, etc. De sorte qu'avec les lettres d'un mot, quel qu'il soit, on peut toujours former un nombre. Le nombre ainsi obtenu est qualifié de gématrique.

Le jeu biblique de gématrie le plus célèbre est celui que l'on trouve dans l'Apocalypse, concernant le chiffre 666, qui est censé désigner la Bête. L'auteur affirme qu'il s'agit là d'un chiffre d'homme. Celui qui se cache derrière ce chiffre n'est nul autre que l'empereur Néron.

Lorsqu'en lisant la Bible, nous nous trouvons en face de chiffres ou de nombres, il convient de nous demander s'ils représentent une quantité ou s'ils ont une signification symbolique ou gématrique. Cela nous permettra de mieux saisir le sens de la parole de Dieu et, en même temps, le message qu'elle recèle et qui peut enrichir notre propre vie.

25. Comment comprendre l'Apocalypse ?

D'abord, qu'est-ce que l'Apocalypse ? L'Apocalypse est-elle un livre qui nous décrit le scénario de la fin des temps ? Non, on n'y est pas. Un livre de science-fiction, alors ? Encore moins. L'Apocalypse est un écrit de circonstances qui fut rédigé dans un contexte historique bien précis : l'instauration du culte de l'empereur romain et la persécution des chrétiens. C'est dans ce contexte qu'il faut d'abord chercher son sens.

Quelle intention poursuit donc son auteur ? Il veut tout d'abord, comme prophète, donner la signification des événements qui se déroulent en son temps. La persécution sévit certes, mais elle ne saurait durer indéfiniment, car le chrétien sait, dans la foi, que la victoire du Christ sur ses ennemis est déjà acquise dans sa mort et sa résurrection, et il sait aussi que cette victoire se manifestera pleinement à la fin des temps.

C'est pourquoi, au nom de la foi, l'auteur dit à ses lecteurs : malgré la détresse du temps présent, la victoire du Christ est déjà assurée, l'Agneau égorgé est vainqueur, et bientôt il va révéler sa puissance à ses ennemis.

Un monde d'images et de symboles

Les auteurs d'apocalypses aiment employer des images grandioses, hallucinantes, et de nombreux symboles pour transmettre leur vision et leur interprétation de la réalité. C'est un style qui convient aux périodes troublées, quand les forces du mal semblent totalement déchaînées, semant partout la souffrance et la mort. L'utilisation d'images évocatrices fait ressentir profondément, mieux que ne sauraient le faire des idées abstraites, la gravité du moment présent et de l'enjeu où sont impliqués les hommes aux prises avec la souffrance et la persécution.

On ne saurait prendre au pied de la lettre toutes ces images, ou toutes ces scènes grandioses. Il ne faut pas essayer de les concrétiser en tableaux, de les imaginer visuellement. Comment pourrait-on se représenter l'Agneau aux sept cornes et aux sept yeux (5, 6)? Ou encore la Bête qui a sept têtes et dix cornes (13, 1)? Il ne faut pas non plus se choquer de ces descriptions bizarres, mais bien essayer d'entrer dans le jeu de l'auteur et de transcrire en idées les symboles qu'il décrit, sans se préoccuper de leur incohérence.

L'auteur de l'Apocalypse nous donne lui-même l'équivalence de certains symboles qu'il utilise. Ainsi, une étoile représente un ange; un candélabre est la représentation d'une Église particulière (1, 20); les sept têtes de la Bête peuvent représenter les sept collines de Rome ou sept rois (17, 9-10); le lin d'une blancheur éclatante symbolise les bonnes actions des fidèles (19, 8).

D'autres symboles sont empruntés à la tradition prophétique et sont facilement perceptibles pour quiconque lit régulièrement la Bible. Une femme représente le peuple (12, 1-6.13-17) ou une cité (17,

1-7.18); des cornes évoquent la puissance (5, 6; 12, 3), en particulier la puissance impériale (13, 1; 17, 3); les ailes font penser à la mobilité et les trompettes, à la voix divine (1, 10; 8, 2). L'épée effilée représente la parole de Dieu qui juge et punit (1, 16; 2, 12.16).

Les couleurs elles-mêmes ont une valeur symbolique. Le blanc est symbole de victoire, le rouge de violence, le noir de mort, le verdâtre de décomposition (6, 1-8), et l'écarlate de luxe et de débauche (17, 4).

Les nombres prennent également une valeur symbolique. Sept symbolise la plénitude, la perfection, et six — sept moins un — représente l'imperfection. Douze est le chiffre d'Israël, ancien et nouveau; quatre, celui du monde créé, et mille évoque une très grande quantité. Ce qui est dit des chiffres vaut aussi de leur carré, ainsi 144 000, qui est le carré de douze multiplié par mille, ou douze fois douze mille, symbolise les prémices du peuple élu, des saints (7, 4-8; 14, 1-5).

Il y a encore d'autres symboles, et il serait fastidieux de les énumérer tous. Il n'est pas utile d'ailleurs de tous les connaître avant de commencer la lecture du livre de l'Apocalypse. Mais il faut, pour faire une lecture intelligente et fructueuse de ce livre, savoir que l'apocalyptique se meut dans un univers particulier d'images et de symboles, et se reporter aux notes mises au bas des pages d'une bonne édition du Nouveau Testament pour en comprendre le sens.

Pour bien lire l'Apocalypse

Quiconque veut faire une lecture fructueuse de l'Apocalypse doit connaître :

Les circonstances dans lesquelles ce livre fut écrit. Ce livre fut écrit alors que sévissait en Asie Mineure et à Rome la persécution de Domitien (vers 90-95). Les chrétiens étaient persécutés parce qu'ils refusaient de reconnaître l'empereur comme seigneur et dieu et de lui rendre un culte.

L'intention que poursuit l'auteur en écrivant son livre. L'auteur veut donner à ses lecteurs chrétiens la signification des événements qui se déroulent en son temps à la lumière de la victoire acquise par le Christ sur ses ennemis dans sa mort et sa résurrection, et qui se manifestera à la fin des temps. Il veut, au nom de la foi, soutenir l'espérance des persécutés, ranimer le courage des tièdes et stimuler la conversion des égarés.

Le genre littéraire « apocalyptique ». Les auteurs d'apocalypses ont une façon de s'exprimer bien à eux. Ils utilisent volontiers des images, des symboles, des techniques qu'il faut apprendre à connaître en lisant les notes mises au bas des pages dans nos Bibles.

Pour faire une lecture fructueuse du livre de l'Apocalypse, il faut surtout avoir le courage... de se mettre à le lire !

Coup de cœur

L'Évangile selon saint Matthieu,
Pier Paolo Pasolini, 1964.

Affirmer que Jésus de Nazareth est une
figure incontournable en Occident n'est
sans doute pas exagéré. Depuis longtemps, l'art en a fait un de ses sujets privi-
légiés, et de nombreux peintres et sculp-
teurs de grande renommée se sont inspirés
des évangiles pour réaliser de véritables
chefs-d'œuvre. Ce courant a été tellement
prégnant dans l'histoire de l'art occidental
qu'à l'avènement du cinéma, il s'imposa
naturellement. Des premiers temps du
film muet jusqu'à aujourd'hui, on compte
un grand nombre d'œuvres cinématogra-
phiques inspirées des évangiles. Prenons
l'exemple de *L'Évangile selon saint Matthieu,*
de Pier Paolo Pasolini.

Le cinéaste marxiste Pasolini a créé une œuvre biblique intimiste, aux antipodes du style souvent pompeux des productions hollywoodiennes. Tournée dans les villages pauvres des campagnes du sud de l'Italie, d'un aspect sobre et dépouillé, cette production cinématographique sur la vie du Christ est considérée par plusieurs comme étant la meilleure à ce jour.

L'histoire du film et le scénario sont fidèlement basés sur l'évangile de Matthieu. Tous les personnages sont interprétés par des acteurs non professionnels et le rôle de Jésus est incarné par un jeune étudiant espagnol, Enrique Irazoqui. Avec ses décors délabrés, ses costumes parfois grotesques (les chapeaux des Pharisiens, inspirés des peintures médiévales, font penser à des abat-jour) et ses figurants enrôlés parmi les paysans des villages, le film s'avère visuellement plutôt déconcertant. La simplicité de la composition visuelle a toutefois l'avantage de faire porter l'intérêt sur le texte et sur le jeu du protagoniste, ce qui sert nettement le propos du film. Enrique Irazoqui interprète le personnage de Jésus avec une vitalité et un aplomb assez impressionnants pour un jeune acteur à son premier rôle.

Tel que présenté par Pasolini, Jésus semble plus près d'un activiste subversif que d'une figure mythique et angélique, ce qui ajoute encore plus d'originalité à l'entreprise. Ce long métrage, dédié au pape Jean XXIII, a été couronné de succès et fut récipiendaire de nombreux prix, dont le Grand Prix de l'Office catholique du cinéma. Le film de Pasolini réussit à concilier fidélité textuelle et lyrisme cinématographique et s'avère une réussite assez impressionnante.

Pour aller plus loin

CARPENTIER, Étienne, et Régis BURNET, *Pour lire le Nouveau Testament*, Paris, Cerf, 2006, 159 p.

CONZELMANN, Hans, et Andreas LINDEMANN, *Guide pour l'étude du Nouveau Testament*, Genève, Labor et Fides (Le Monde la Bible, 39), 1999, 603 p.

DEBERGÉ, Pierre, et Jacques NIEUVIART (dir.), *Guide de lecture du Nouveau Testament*, Montréal/Paris, Novalis/Bayard, 2004, 521 p.

Introduction au Nouveau Testament. Son histoire, son écriture, sa théologie, textes édités par Daniel Marguerat, Genève, Labor et Fides (Le Monde de la Bible, 41), 2000, 489 p.

Dans un autre style : *Le Nouveau Testament à travers 100 chefs-d'œuvre de la peinture*, préface de Régis Debray, Paris, Presses de la Renaissance, 2003, 222 pages.

Un site web à consulter, bien sûr :
www.interbible.org.
Écrivez-nous à : redaction@interbible.org

Un autre très intéressant, surtout pour les liens qu'il contient :
http://fr.wikipedia.org/wiki/Portail:Christianisme

Table des matières

Introduction 5

Auteurs 7

1. Pourquoi lire la Bible? 9

2. Quelle Bible acheter? 13

3. Comment approfondir un texte biblique
   par soi-même? 16

4. Qui a écrit les livres du Nouveau Testament
   et quand? 19

5. Comment se donner un programme
   de lecture du Nouveau Testament? 23

6. Que désigne le mot évangile? 25

7. La langue des évangiles est-elle
   la langue de Jésus? 28

8. Comment les quatre évangiles que nous
   connaissons ont-ils été choisis? 32

9. Quels sont les textes originaux ou les plus vieux exemplaires disponibles des évangiles ? 37

10. Qui étaient Marc, Luc, Matthieu et Jean ? Les témoignages de l'Antiquité.................... 40

11. Qui étaient Marc, Luc, Matthieu et Jean ? Les résultats de la recherche historique........ 44

12. Peut-on se fier aux évangélistes ?................. 49

13. Qui sont les personnages du Nouveau Testament ? (Prêtres, lévites, scribes, collecteurs d'impôts, pharisiens, sadducéens et zélotes.) 55

14. Comment comprendre les tentations de Jésus ?.. 59

15. Jésus est-il venu pour les pauvres ou pour les riches ?...................................... 65

16. De quelles manières Jésus ressuscité s'est-il manifesté ?... 68

17. De quelle façon parle-t-on de la résurrection dans le Nouveau Testament ?....................... 72

18. Un récit biblique peut-il être à la fois historiquement faux et théologiquement vrai ? 76

19. Jésus a-t-il réellement existé ?...................... 81

20. Pourquoi Judas est-il un personnage maudit ?.. 83

21. Jésus était-il marié à Marie-Madeleine ? 87

22. Est-ce qu'il y avait des femmes parmi les disciples de Jésus ? 90

23. Paul était-il misogyne ?................................. 95

24. Quels sens donner aux chiffres dans la Bible ? 99

25. Comment comprendre l'Apocalypse ?.......... 105

Coup de cœur 111

Pour aller plus loin.. 115

Imprimé sur du papier Enviro 100% postconsommation,
traité sans chlore, accrédité Éco-Logo et fait à partir de biogaz.

certifié   procédé   100 % post-   archives   énergie
            sans   consommation   permanentes biogaz
            chlore